N° 34857
J.P. Cézanne
Cah. mai-juin 1955 N° 157
16.000 F

OMBRES DE POÉSIE

OMBRES

DE POÉSIE

PAR

XAVIER FORNERET

Le véritable vers n'est que d'un mot, — C'est Dieu.

PARIS

P.-H. KRABBE, ÉDITEUR

12, RUE DE SAVOIE, 12

1860

Pour toute préface aux Ombres de Poésie, je dirai :

Ces vers ayant été presque tous faits la nuit, —
Dans son profond silence...
Je leur devais un peu de soleil : quant au bruit,
Ont-ils une espérance ?

X. F.

A

NAPOLÉON III

A

SA MAJESTÉ NAPOLÉON III

Empereur des Français.

∿∿∿

Oui, Sire, Dieu devait à Votre Majesté,
Pour avoir secouru dans leur détresse extrême
Les pauvres inondés, — du soleil au *Baptême*...
Qui dit deux mots : Amour, Nationalité !

14 juin 1856.

LA BARQUE AU RETOUR

ᘐᘐᘐ

« Je glisse ma vie avec LUI
« Sur une barque de Venise.
« Oh ! comme je me sens éprise !
« Mourant !... Oh ! que je l'aime ainsi...

« Mourant... mais avec l'espérance
« De voir bientôt rouvrir ses yeux...
« De voir s'éteindre sa souffrance...
« De caresser ses beaux cheveux...

« Et je dis : — Cette nuit, mon Dieu !
« Pour mon amant, faites-la douce,
« Comme la brise qui nous pousse...
« Qu'il vive à votre divin feu !

« Oh ! Gondolier, arrive, arrive !...
« En avant, cher homme, en avant !
« Ne sais-tu pas que sur la rive
« On voit de son précieux sang ?...

« Quand celui qui reste en son cœur
« Aura cessé de se répandre,
« J'irai bien vite la reprendre
« Cette rouge et sainte sueur !

. . . .

« Nous sommes de retour, ma vie...
« Oh ! je ne te quitterai pas
« Que ton existence chérie
« Ne soit revenue en mes bras !

« Et si Dieu te faisait mourir
« A la suite de tes blessures,
« Je te dirais : — Deux sépultures !
« Je n'aurais plus que ce désir.

« Je redirais toujours : — Je t'aime !...
« Rien, rien ne t'ayant arrêté...
« C'est l'heure du baiser suprême :
« Reprends ce que tu m'as prêté ! »

II

DIEU, LA TERRE ET L'HOMME

∼∼∼

Savants, tous vous dormez quand la Terre s'éveille!...
Tous, vous restez muets au cri : « Je te conseille,
« Homme, si tu ne veux encourir le Chaos,
« De me laisser un peu de calme et de repos.
« J'ai beau te prévenir, t'envoyer des orages,
« Tu persistes toujours, malgré tant de ravages

« Dont souffrent tour à tour, tes vignes, tes maisons,
« Qui renversent tes blés, ravagent tes moissons,
« Tu t'obstines pourtant à creuser mes entrailles,
« A faire dans mes flancs de profondes entailles...
« Sans penser un instant que moi je souffre aussi,
« Que toutes mes douleurs dont tu ne prends souci
« Se répandent sur toi, par la Trombe, la Grêle,
« Et, brisant, entraînant le fort comme le frêle.. —
« Non, tu poursuis encore... et tes vives ardeurs
« T'empêchent d'écouter le Géant des Grondeurs,
« Le tonnerre... de qui, la voix majestueuse
« Ne peut rien commander à la tienne railleuse :...
« Et tu n'as pas songé que, toi, semblable aux vers,
« Tu ne combattrais pas avec fruit l'Univers;
« Qu'il t'en arriverait des épreuves terribles,
« Des bouleversements, des misères horribles...
« Enfin entreprenant par intérêt, orgueil,
« Tu ne vois que les fleurs dessus, — pas le cercueil ! »
Ainsi parle la Terre... et personne de dire
Que peut-être il est vrai que l'Homme a le délire.
Pas un doute ne vient, on croit aveuglément
Qu'on remue en tous lieux la Terre impunément;
Que d'énormes rochers s'ébranlent sur sa face
A toute heure, en tous sens, sans y laisser de trace;

Que ces fils conducteurs de l'Électricité
Ne compromettent rien de la sécurité.
C'est vraiment une erreur, et notre humble pensée
A prévu les effets d'une œuvre si hâtée.
Il faudrait, disions-nous, donner le temps au Sol
De reprendre l'aplomb dont on lui fait le vol.
Il faudrait sagement ne pas aller trop vite,
Et le malheur qu'on craint, c'est ainsi qu'on l'évite ;
Ne nous réjouissons qu'en examinant bien
Si la fête du jour amène un lendemain ;
Si le bonheur présent, une lueur prospère,
Ne sera pas plus tard un repli de vipère ;
Enfin, si l'Avenir doit avoir un bienfait,
Par compensation, meilleur que le regret :
Oui, c'est là, pensons-nous, que se trouve la somme
De raison, à servir bien les travaux de l'homme ;
Plus il sera prudent, plus on l'admirera
Dans l'exécution de tout ce qu'il fera.
Mais non !... pour de l'argent il donnerait sa vie...
Pourvu qu'il eût de suite... et puis après il prie !...
Il s'adresse au Très-Haut pour conjurer les temps,
Le Très-Haut lui répond par tous ses ouragans ;
Car il voit dans son cœur une large gangrène
Qui, sous un fard pliant, a la force d'un chêne.

Écoutons bien alors ; nous entendrons en nous
Ces mots du Créateur, de sagesse et courroux :
« Le Génie a pour but de grandir, c'est sa tâche ;
« Mais, lorsqu'il va trop loin, l'Être divin se fâche. »

1856.

III

LE SOUVENIR

∿∿∿

La nature a ce soir le calme d'un tombeau,
Mais d'un tombeau doré... le couchant est superbe,
Et la rosée arrive avec mystère à l'herbe
Depuis le haut du ciel, en sainte essence d'eau.

Le Souvenir, alors, a le temps de parler
A notre âme qui pense, à notre âme qui pleure...
Car qui donc n'a pas eu sa délicieuse heure ?...
Et qui donc n'aime encore à se la rappeler ?

Ah ! c'est surtout le soir, dans l'ombre, dans la nuit,
Que le souffle de ceux que nous aimons sans cesse
Nous revient doux et pur, nous touche, nous caresse...
Comme Feuille et Zéphir qui la baise sans bruit !

Oui, nous sentons en nous, bien près de notre cœur,
L'artère de l'amour qui bat, se précipite...
Hélas ! sur notre sang qui s'éveille, palpite...
Qu'est-ce qui vient à nous ? Un flot noir, — la Douleur.

Car nous nous souvenons... — Mais, regardant le feu
De l'étoile qui luit et semble être un sourire
De ceux qui ne sont plus, qui ne peuvent plus dire :
« Nous t'aimerons toujours... — Cela console un peu. »

Si nous savions au moins leurs soupirs et leur sort,
S'ils reposent en paix; s'ils n'ont pas de souffrance...
Si le bon Dieu les voit d'un regard d'indulgence...
Mais nous ne savons pas... C'est la mort, c'est la MORT !!

C'est-à-dire plus rien que l'Espoir, que la Foi,
Le baume des malheurs, le parfum des prières,
Qui fait du ténébreux un essaim de lumières
Dont le miel adoucit l'inexorable loi.

Qu'importe, — si le ciel ne veut pas nous bénir,
S'il décide, au contraire, un châtiment terrible
Pour nos égarements… — mon Dieu, le plus horrible,
C'est de plonger en nous l'*arme* du SOUVENIR !

IV

LE COUPABLE-INNOCENT

∿∿∿

« Je suis libre !... Et le jour m'inonde de son air...
« J'ai quitté de lieux noirs, l'humidité d'enfer,
« Où je me débattais seul avec ma pensée,
« Qui sur moi s'élançait accablante, embrasée !
« Je suis libre !... Et les fleurs, parfumant le Soleil,
« Me font doux l'odorat, après un lourd sommeil.

« Les oiseaux voltigeant chantent leur mélodie
« Et du Cœur lorsqu'il aime, et de l'Ame qui prie!
« Je parle allant partout, caressant le bonheur,
« Et rien ne me répond que la voix du malheur...
« Car je me sais coupable, et sur ma conscience
« S'étend le voile épais d'une horrible souffrance...
« Car j'ai commis un crime, et, la preuve manquant,
« Je suis réputé pur ainsi qu'un innocent.
« Mais la punition de la Faute sur terre,
« Et qu'inflige la loi, n'est pas la plus amère.
« Il faut sentir le fiel qu'apporte l'examen
« De soi-même, flétri par un brûlant venin...
« Il faut passer des nuits, regardant sa victime
« Échevelée et pâle, et sanglante, et sublime
« De supplications, de douleur... à genoux...
« Et puis se rappeler qu'on frappait de grands coups,
« Sans pitié, comme un tigre assouvissant sa rage,
« Avec tout le sangfroid de ce lâche courage
« De l'Assassin maudit!... — Et l'on comprend alors
« La glace et les sueurs de l'Esprit et du Corps...
« On comprend les frissons, l'angoisse, la torture
« Qui s'aiguisent en nous pour creuser la figure...
« Y marquer à jamais l'empreinte du Damné
« Qui s'est au feu d'enfer lui-même condamné.

« En protestant toujours qu'il n'était point coupable,
« Il s'est fait pour chaque heure une vie exécrable ;
« Car, d'abord, les vrais murs d'une affreuse prison
« Sont construits de remords, le plus subtil poison ;
« Et, pour en souffrir moins, on doit subir sa peine.
« Que le Criminel rive avec force sa chaîne,
« Quelque douceur est là !... Ne songe-t-il donc pas
« Au bruit lugubre et sûr de ce prompt coutelas
« Qui sépare peut-être une pensée avide
« De sagesse et de bien, — et la roule livide
« Aux pieds de qui l'aimait ?... Voir Innocent, Bourreau
« L'un à l'autre accolés comme fer et fourreau,
« Se peut-il que le Ciel, d'indulgente justice,
« Nous charge de la croix d'un semblable supplice !...
« Oh ! c'est vrai : je suis libre et de jour et de nuit ;
« Mais si l'Homme a parlé, mon Dieu ne m'a rien *dit*. »

V

L'INNOCENT-COUPABLE

∿∿∿

« Un soir que j'étais là, heureux dans ma famille,
« Que la Brise riait à travers la Charmille, —
« Où tous nous nous disions que le soir était beau,
« Que le Ciel, ce vieux dais, semblait toujours nouveau
« En Beauté, en Grandeur, en Puissance, en Mystères...
« A l'heure où Quelques-uns ont peur des cimetières; —

« Un agent de la Loi soudain se montre à Nous,
« Porteur d'un ordre en fer solide de verroux.

« On arrêtait mon corps, et l'on me brisait l'âme !
« On m'enfonçait au Cœur la plus tranchante lame.

« Oh ! l'ACCUSATION !... (impitoyable dent
« Qui mord avec fureur même sur l'innocent,)
« M'avait, hélas ! touché... J'en sentais la bavure
« Étendre sur ma vie une large brûlure !...
« C'est ce qui me fit pâle et muet de terreur,
« Portant sur l'Avenir mon unique frayeur.

« J'obéis avec calme à l'organe de Geôle,
« Où j'allais d'un pas ferme et sans nulle parole
« De malédictions et de pensers d'Enfer,
« Levant la tête au ciel sans audace, mais fier ;
« Seulement je pleurais de douleur infinie...
« Où m'appelait en vain ma mère évanouie !...

« Je franchis donc ce seuil redouté de prison.
« En y passant, j'eus froid... pourtant sans nul frisson

« De ceux qu'on doit avoir par remords et par crainte;
« Au contraire, hâtant mon séjour dans l'enceinte
« Du Crime découvert, du Crime à découvrir,
« C'est, disais-je, un moyen le plus bref d'en sortir;
« Et l'acte solennel que j'eus besoin de faire,
« Ce fut de prosterner ma face contre terre!...

« Alors je respirai de l'air moins étouffant...
« Il me parut entendre... et, la porte s'ouvrant,
« Mon père m'annonça la plus douce nouvelle :
« — Ta mère a dit : « Mon fils! » J'avais prié pour Elle!!

« Au jour elle arriva... me pressant sur son sein...
« Lorsqu'on sent cette joie, on n'a plus de chagrin.

« Il fallut se quitter... me laisser seul au monde...
« Sachant ce désespoir dont une mère abonde...
« Et torturant mon cœur par des mots déchirants...
« Tantôt comme une flamme et tantôt expirants!...

« Ma conscience alors ne pouvait plus sourire
« Avec tranquillité. — Ne trouvant rien à dire,

« Sous un tel poids de pleurs, je tombais écrasé...
« Et sans âme et sans corps, j'étais paralysé.

. . . .

« Le froid de mon tombeau me fit un peu revivre;
« Chancelant, alourdi, je paraissais être ivre...
« Mais le Soleil, prenant dans le Ciel son essor,
« M'apporta, sur le front, le coin d'une aile d'or...

« Je pensai; j'espérais jaillir en étincelles
« De cette Vérité qui fait, des plus rebelles,
« Des brebis en douceur de tigres qu'ils étaient;
« Puis bientôt mes frissons en chaleur se changeaient.

. . . .

« Trois mois se sont passés avant que la Justice
« M'amenât devant elle au Tribunal d'office,
« Aux assises du Lieu, — sanglante expression
« De Viols, d'Assassinats, de Vols et de Poison!

« Enfin je vins m'asseoir au banc de l'Infamie,
« De l'Innocent aussi, de l'Innocent qui prie...

« Et puis on me jugea... je fus un criminel,
« Sinon de fait, au moins déclaré comme tel.
« Mes protestations, on les traita d'emphase;
« Tout sembla me trahir, du sommet à la base.
« Terrassé, *convaincu*, succombant en tous points,
« Je me réfugiai dans de célestes soins;
« Ma mère et l'Éternel me firent du courage...
« Mon maintien fut de marbre au lieu d'être de rage,
« Et je me dis : — Mon Dieu, tu m'as donc éprouvé!...
« Oui, car je reste pur... et crois avoir rêvé. »

VI

LE REPOS

∽∽∽

Ames du soir, prenez mon souffle... je comprends
Vos aspirations, vos plaintes, vos murmures...
Vous êtes près de Dieu d'heureuses créatures,
Et, pour me joindre à vous, avec bonheur j'attends !...

∽∽∽

VII

AUX ENFANTS

∿∿

Chères petites créatures,
Mes bras vous sont des bras amis;
Vous êtes des races futures
Les gracieux et purs semis.

Pauvres enfants, ô gentils diables,
Vous ne connaissez rien du mal,
Si n'est le bris des jeux aimables
Dont vous faites un hôpital.

JANVIER est pour vous le Génie
Dont la cheminée est le ciel...
Et votre innocence le prie
Pour qu'il vous fasse un doux réveil.

Quand vous perdez cette croyance,
De là déjà date un malheur;
C'est le tombeau d'une espérance,
Première tache du Bonheur...

Vous souriez à votre mère
Comme une étoile dans la nuit...
Pourquoi cette chaste lumière
Doit-elle après briller au bruit?

Pourquoi dépassez-vous un mètre
Quand votre cœur est de six pieds?
Pourquoi le temps est-il un maître
Qui vous courbe sous les regrets?

Oui, des regrets amers... que Celle
Qui vous donna vie et amour,
Hélas! voit grandir; — car son aile
Vous sent fuir un peu chaque jour...

Bientôt vous marchez dans le Monde,
Ce serpent qui forme un chemin;
Priez alors... l'orage gronde...
Oh! que Dieu vous prenne en sa main!

VIII

L'INFANTICIDE

∽∽∽

Infanticide ! — mot qui comporte l'horreur...
Qui pénètre d'effroi... qui frappe de stupeur...
Le roi de l'Odieux par le Crime-colosse,
Qui rit de la Nature et prend pied dans la fosse !...

Aurait-on dû jamais avoir à l'inventer
Pour dire l'action qui fait le plus douter ?
Une mère qui donne à son enfant la vie,
Et qui la lui reprend sans pitié quoiqu'il crie...
Malgré ses mouvements et ses crispations,
Ses souffrances de corps et ses convulsions...
Qui ne s'occupe pas, en sa rage cruelle,
Si son premier regard se tourne et va vers elle !
S'il a chaud, s'il a froid en dessous, en dessus ;
Si ses petites mains se joignent en Jésus,
Comme pour la prier de finir ses tortures
Et de le laisser vivre au sein des créatures ;
Pour la voir, la servir, la défendre, l'aimer,
Grandir en cet amour qu'on doit tant estimer.

Une MÈRE ! — Ce mot peut-il s'allier à l'*autre* ?
Oh ! je n'en trouve point, — point que celui d'apôtre
Du Démon incarné, affreusement maudit,
Dont le palais d'Enfer, au plus saisissant bruit,
Offre les hurlements ou le sang froid sauvage
De l'hyène qui flaire et dévore en sa rage

Quelques rouges débris, quelques os tout sanglants
Qui palpitent encore, et sont toujours fumants !...

Oui, c'est là de l'apôtre, à l'infernale race,
L'image du serpent, que faiblement je trace ;
Et pour la rendre mieux, sait-on ce qu'il faudrait ?...
Être père surtout de l'enfant qu'on tuerait !

Maintenant, regardons la *mère* après son crime,
Après qu'elle a franchi, sans en mourir, l'abîme... —

Un cadavre est près d'elle... il faut l'*anéantir*,
Et, loin de tous les yeux, le porter, l'*enfouir* !! —
Elle commet cette œuvre effrayante, incroyable !!
En sa tête un calcul travaille, épouvantable,
Pour se *débarrasser* avec plus de *bonheur*
Du fardeau qui lui pèse à l'esprit, non au cœur.
Sur ce terrain de mort s'agite sa pensée,
Si ce n'est fait d'avance ; et sa force épuisée
Ne l'arrête jamais... ou du moins peu souvent,
Car la *Brave* qu'elle est redoute un châtiment.

Avec trop de douceur, appliqué sur le Monstre :
Le nombre des forfaits accomplis le démontre.
PUNITION-TERREUR, ô juges, magistrats !
A la Maternité feront faire un grand pas.
Cette Maternité, — dérision amère —
Que n'accepterait pas l'hyène et la panthère.

Soyez donc indulgents, Jurés ou Tribunaux,
Pour la femme vendue aux Esprits infernaux !
Pour celle qui tordant et brisant les vertèbres
D'un pauvre petit ange, en d'épaisses ténèbres,
Afin de mieux cacher les *morceaux* d'un enfant,
Les *arrange* parfois sur un brasier ardent...
Les attise, les voit se fondre, disparaître..
Et de ce *sacrifice* attend tout son *bien-être*...
Son *honneur* garanti (son honneur, juste ciel !
Par du sang répandu dont frissonne l'autel..

Oh! vengeance!… oh! cessez, hommes, pour votre gloire,
D'atténuer un crime à la face si noire…
Pour la mère qui tue on doit être de fer :
Frappez, juges, frappez!…, pas de grâce!! et l'Enfer!!!

IX

LA VOIX DES CLOCHES

∿∿

Rien n'est plus solennel
Que le son d'une cloche... —
C'est un mot éternel
Qui près de nous s'approche;

D'abord quand nous naissons,
C'est-à-dire au Baptême,
La Cloche a des chansons
Que chacun de Nous, aime.

Ensuite, après douze ans,
C'est pour la Sainte Table
Qu'Elle dit aux enfants : —
Accourez, grains de sable,

Pour sentir le Sauveur
Prendre votre pensée,
Embaumer votre cœur
Pour toute la journée.

Plus tard la même voix
Résonne en la Chapelle...
Énigme cette fois
Pour les Deux qu'elle appelle.

Son dernier tintement
Enfin se fait entendre...
C'est l'avertissement
Que l'homme est une cendre...

L'Agonie a sonné...
Et puis la Tombe est prête...
Allez, allez, Mort-Né !
Plus rien ne vous arrête.

X

UN MOT SUR UNE HORREUR

Dédié à Rome.

∿∿∿

La Guerre!... Une action terrible, lamentable,
Puisque son arme tend à produire la mort...
Qu'Elle cherche à tuer l'Être humain, un semblable,
Et *briller* dans le sang pour se mettre d'accord.

Malheur toujours affreux s'étendant sur le monde,
Que celui des combats, même pour le Vainqueur ;
C'est toujours un orage, un tonnerre qui gronde
Pour ce silence après qui vient trouver le Cœur.

Oui, oui, silence affreux !... un sol couvert de Braves
(Car tout brave est celui qui s'est bien défendu),
Expirés ou râlant... hideux monceau d'entraves
Où tout rang, où tout grade est éteint, confondu...

Après le jour, la Nuit, pareille aux creux de tombe ;
Alors, pour retrouver des parents, des amis,
Chacun cherche, soulève un être qui retombe
Heureux, balbutiant : — Je meurs pour mon pays !

Puis sonne le Départ... Mais avant, une fouille
Se pratique en la terre... immense et noir cercueil...
Qui reçoit dans ses flancs l'héroïque dépouille...
La terre se referme... et l'Herbe fait le deuil !

. . . .

C'est un mot seulement que je viens de vous dire ;
Mais que la Guerre soit ou folie ou raison,
Je ne craindrai jamais de penser ou d'écrire
Que GUERRE signifie — ABOMINATION !!!

XI

A UN GÉNIE ÉGARÉ

∿∿∿

C'est la tristesse à l'âme, à l'esprit, dans le cœur ;
C'est enfin pénétré d'une grande douleur
Que je vais essayer d'écrire quelques lignes
Pour l'homme dont les jours furent jadis insignes.
Ah ! que n'a-t-il vécu constamment avec eux
Au soleil des honneurs ! — Était-il un heureux

Plus fêté, plus aimé, quoique entouré d'Envie,
Qui vous signe un brevet de gloire, avec sa lie...
Ce nom — Victor Hugo — n'allait-il pas entier
Frapper tous les regards, même ceux du banquier?
Étoile permanente au Théâtre, en la rue,
Descendant sur la terre et regagnant la nue...
Ayant pour son berceau — la France, — diamant
Des autres nations, dans Elle se mirant.

Fallait-il à ce front du fatras politique
Pour le charger, hélas! d'un fardeau rachitique,
A côté des splendeurs et d'un puissant essor
De sa lyre aux sons purs, — de ses couronnes d'or?...

N'avait-il pas un peuple, un empire, un royaume
Auxquels il répandait, distribuait le baume
De ses vastes écrits, gracieux, doux, brûlants,
Graves, religieux, et toujours des géants?
Son sceptre était tout d'art, majestueux, sublime;
Tout lui venait du ciel, la raison et la rime;
Et voilà que ce sceptre, en un chemin si beau,
S'arrête à la Tribune et s'en fait un tombeau!

. . . .

Eh quoi ! c'est toi, poëte aux accents si suaves,
Dont la muse chantant n'a pas connu d'entraves
Pour rendre tes pensers de noblesse et d'amour,
Parlant à tous les cœurs comme l'éclat du Jour,
Rayons éblouissants chassant toutes les ombres,
Espoirs consolateurs en étant parfois sombres...
Est-ce toi, la grandeur du Génie en exil,
Qui veux souffler partout ces mots : existe-t-il
Existe-t-il encore ?... Oh ! c'est ce dont on doute ;
Oui, c'est ce qu'on demande au passé de ta route,
Et même à ton présent de malheur, d'abandon...
Ne saurais-tu souffrir en homme de pardon,
Résigné, magnanime au milieu de ta gloire,
Criant à ton pays : « Je m'incline ! Victoire !
« O soldats ! les premiers braves de l'Univers,
« Mon cœur battant pour vous va m'inspirer des vers !
« Mort à l'Ambition, au Dépit, à la Haine !
« Des maux d'éloignement je ne sens plus la chaîne...
« Je me trouve avec vous brillant de vos succès,
« Et je grandis encore à notre nom Français !
« Oh ! NATION, PATRIE ! oh ! la belle parole !
« Toute autre expression est sans force et s'envole... »
Mais au lieu de cela, Poëte, qu'as-tu dit ?
Tes élans ont été ceux d'un pauvre maudit ;

Ta lave ruisselante a coulé sans mesure,
Et t'a sillonné seul d'une immense blessure !!!

. . . .

Reviens à toi, Poëte, il n'est jamais trop tard,
S'il est humble et contrit, pour qu'on pardonne à l'Art.
Ne laisse pas penser que, dans ta tête ardente,
Il n'est plus pour ta voix qu'une mortelle pente
Par où tu descendrais encore un peu plus bas...
Reviens, relève-toi... ne sonne plus ton glas !
Oui, confesse et avoue, en âme et conscience,
Que tu ne voulais pas insulter à la France...
Qu'un infernal esprit te guidait un instant,
Mais qu'à l'aide de Dieu tu fuis l'enivrement
De plus longues erreurs, du plus affreux blasphême;
Oui, tu voudras bientôt redevenir *toi-même* !
Et tu ne diras pas à Chacun attristé :
« Je suis d'un grand Renom le Fils déshérité ! »

PIERRE AIMAIT

L'intention philosophique de cette courte histoire, la voici :

Mettre en regard le caractère le plus coupable avec celui le plus noble, tous deux agissant en sens inverse, guidés tous deux par l'Amour.

Engager par l'exemple de la magnanimité et de la grandeur d'âme unies à cet amour, plutôt que par l'exemple de la haine et de la satisfaction d'une vengeance, à n'être ni déloyal ni lâche.

Cette histoire se présentera au lecteur, débarrassée, dans ses péripéties, de toutes ces *tartines* de généalogie, positions de toutes sortes qui *tirent à la ligne*, et revêtera la forme d'un encadrement scénique, notre but étant de chercher à intéresser, à moraliser, en évitant le plus possible des détails qui, si souvent, ne sont que des *longueurs*.

∽∽∽

PIERRE AIMAIT

∿∿

I

Nous sommes dans un très-beau château des environs de Paris. C'est le soir. Un éclairage splendide règne dans plusieurs salons à la suite l'un de l'autre. Des domestiques en riche livrée vont et viennent ; évidemment il y a dans ce château des apprêts de fête et de bal. Écoutons, du reste, un instant, parler un de ces domestiques resté seul, et que nous nommerons Joseph.

— Enfin, nous voilà donc en noces, et d'autant plus que c'est coup double ; oui, la famille Clairvalle s'unit à la famille Fergues, ce qu'il en reste, du moins : un frère et une sœur de chaque côté. M. et Mlle Fergues sont ici en la demeure de M. Clairvalle, mon maître, depuis hier soir. Quel bonheur ! Quels cadeaux ! et quels repas nous allons faire !

Joseph se disposait à reprendre son service après ce petit monologue, quand tout à coup, portant son regard à droite, il jette cette exclamation avec quelque crainte et beaucoup de surprise :

— Est-ce que je ne me trompe pas ? Eh quoi ! c'est monsieur que je vois là, endormi à cette place, un soir comme celui-ci ?

S'avançant un peu, et en prêtant l'oreille.

— Oui, pardieu, c'est bien lui ! Il me semble même... Que dit-il ?...

En effet, M. Clairvalle était étendu dans un fauteuil, son bras accoudé sur une table, et prononçant, à travers un sommeil des plus agités, les mots entrecoupés qui suivent :

— Oui... oui ! c'est bien vrai... je suis trompé... mais, l'infâme !... Non !... pas de pardon... mon amour outragé...

A ce moment, un autre domestique entre comme pour annoncer quelqu'un ; mais sur un signe de Joseph, il se tait, s'approche de lui, et lui dit quelques mots à voix basse ; puis il se retire, tandis que M. Clairvalle reprend avec une agitation croissante :

— Non, pas de pitié... pas de grâce... du sang ! il me faut ton sang... Et ce poignard... oui... oui... tiens... tiens... meurs !!

Cette dernière parole est suivie d'un violent soubresaut qui réveille M. Clairvalle ; quelques secondes se passent, et il aperçoit alors son valet-de-chambre auquel il dit d'un ton brusque et d'un air inquiet :

— Que faites-vous là, Joseph ?

— Ce que je fais, Monsieur ?

— Oui... Eh bien ?

— Je venais annoncer à Monsieur...

— Quoi ?... Mais, vous arrivez de suite, à mon réveil, n'est-ce pas, Joseph ?

— Mais, oui Monsieur.

M. Clairvalle se remet progressivement des émotions qu'il vient d'éprouver et continue ainsi :

— La chasse d'hier m'a brisé les membres ; je ne sais ni pourquoi ni comment, en ce jour, j'ai cédé à cette fatigue d'une façon aussi positive ; j'ai voulu être seul un instant, je me suis jeté dans ce fauteuil, et il paraît que presque aussitôt, le sommeil m'aura pris.

Le maître du lieu achevait à peine cette espèce de justification donnée à lui-même et à son domestique, qu'on entendit dans le salon voisin un assez grand bruit, comme celui d'une personne qui trébuche dans une chose qui roule lourdement. Joseph qui se retourne le premier, reconnaît ou suppose le motif de ce bruit; il en profite pour dire à M. Clairvalle :

— C'est M. Dutremblay que je venais annoncer à Monsieur.

— C'est bien, Joseph, laissez-nous.

Le nouveau personnage entra en même temps que le valet quittait l'appartement.

II

M. Daniel Dutremblay a trente ans environ; c'est un *gandin*, fils d'un riche propriétaire de la campagne; il se fourre partout autant que possible, se faisant inviter assez facilement parce que ses manières ridicules et prétentieusement exagérées, fournissent à ceux qui veulent l'avoir, l'occasion de se réjouir à ses dépens. Au soir dont nous parlons, il se présente porteur d'un costume des plus excentriques ; il possède un faux toupet sur un crâne pointu, des bésicles dont il n'a pas besoin, et rechausse en entrant un de ses souliers de bal.

A son approche, M. Clairvalle s'est levé souriant, et le dialogue suivant s'établit entre eux ; c'est Daniel qui commence :

— Je vous demande pardon, mon cher monsieur Clairvalle mais ; c'est que... ah ! bien ; voilà que c'est fait.

— Que vous est-il donc arrivé, monsieur Daniel ? On dirait que vous boitez.

— Effectivement ; mais ce n'est rien, ce n'est rien ; imaginez-vous, mon cher hôte, que tout en marchant le nez en l'air, afin d'admirer votre *luminaire* magnifique, je me suis fortement heurté contre une de ces machines où l'on prépare ces glaces à la vanille, à la rose, etc., et qui vous brûlent si bien les dents.

— Ah ! fit en riant son interlocuteur.

— Oui; mais, continua Daniel d'un air sérieux, et saisissant la main de son hôte pour la presser d'une manière significative; cela me fait plaisir, un énorme plaisir...

— Et pourquoi donc êtes-vous satisfait

— Parce que, maintenant, vous souriez, et que tout à l'heure vous me sembliez comme pris entre deux portes.

— Vous croyez?

— Ma parole d'honneur!

M. Clairvalle cherchant à éloigner de sombres pensées :

— Savez-vous, Monsieur Dutremblay, que vous avez une mise d'une recherche, d'une élégance...

Daniel fit une espèce de *roue* de coq d'Inde.

— Mais, pas mal, oui pas mal; du Paris, du pur Paris, digne au reste de la richesse de votre château. Tudieu quel luxe ! Et puis comme vous mettez les gens à leur aise! Aussi qui ne vous aimerait pas?

— Je vous avoue, Monsieur, que je compte

un peu sur votre affection, répliqua Clairvalle.

— Et vous ne vous trompez pas; car hier, pas plus loin qu'hier... Mais, non; pourquoi vous rapporterais-je de sots propos ? Encore une fois non ! ma langue a mal tourné ; prenons que je n'ai rien dit.

— Je vous en prie, achevez monsieur Daniel.

— Est-ce sérieusement que vous voulez...?

— Sérieusement.

— Eh bien! donc...

L'entrée d'un domestique apportant une lettre sur un plateau d'argent, interrompit nos deux personnages, et arrêta Daniel dans l'aveu qu'il allait faire. Cette lettre était pour M. Clairvalle, qui, d'un regard, demanda à son invité la permission de la décacheter ; en même temps, comme on le pense bien, le cachet était rompu, et notre châtelain commença à lire pour cesser aussitôt, et regarder avec préoccupation Daniel, qui lui dit :

— Je suis sûr que vous recevez une bonne nouvelle, ajoutée au bonheur de votre prochain mariage. Une joie n'arrive jamais seule.

M. Clairvalle, sans répondre, reporta de nouveau ses yeux sur la lettre pendant que Daniel examinait attentivement la physionomie du lecteur, et se parlait ainsi :

— Tiens, tiens, qu'est-ce qu'il a donc? On le dirait une seconde fois serré entre deux...

— Oui, certainement, Monsieur, vous avez deviné juste ; je suis au comble de la joie... reprit Paul.

— Et dans ces moments-là, dit Daniel, on a besoin de se trouver seul. Aussi, je vous laisse et vais parcourir vos salons.

— A bientôt, répliqua M. Clairvalle qui semblait avoir hâte d'être débarrassé de tout être vivant, pour donner à ses pensées un libre cours.

En se retirant, Dutremblay pouruivit son *a parte*.

— Est-ce qu'on m'aurait dit vrai?... Puis revenant à M. Clairvalle : Pardon mille fois, monsieur, mais il vaut mieux tard que jamais, n'est-ce pas? Comment vont ces dames futures? bien, n'est-il pas vrai? Ah! tant mieux! Je vais sans doute bientôt les voir. Et Daniel s'inclinant profondément s'éloigna en boitant encore un peu.

III

Avant d'aller plus loin dans ce récit, on ne sera pas fâché, j'imagine, de savoir que M. Clairvalle dont le nom de baptême est Paul, a de trente à trente-cinq ans ainsi que Lucien Fergues son beau-frère futur. Pierre Destang, le principal héros de notre histoire, et qui ne tardera point à paraître en scène, possède à peu près le même âge. Quant aux deux jeunes filles, Mlles Marie Clairvalle et Julie Fergues, nous vous disons qu'elles sont jeunes ; à présent, vous leur appliquerez dans votre esprit

tel nombre de printemps qu'il vous plaira.
Elles ne sont ni brunes ni blondes précisément, ni belles ni laides, mais elles ont un
cœur hautement placé. Nous jugeons inutile
de mentionner les détails du visage et de la
corpulence de ces messieurs qui figurent ou figureront ici ; tout est ordinaire en eux pour ce
qui regarde le physique ; nous n'en dirons pas
davantage, car cela suffit, afin que dans votre
pensée vous ne les *bâtissiez* pas repoussants ;
nous y tenons. Et maintenant, ceci posé une
fois pour toutes et en bien peu de mots, comme
vous voyez, nous poursuivons. C'est M. Clairville qui, seul, agité fiévreusement, s'exprime
en ces termes :

— Enfin, me voilà seul !... Relisons cette
lettre ; mais, avant... (Il sonne ; un domestique
paraît.) Qui a apporté cette lettre ?

— Personne, monsieur.

— Comment, personne !

— Du moins nous n'avons rien vu. Je l'ai
trouvée placée dans l'antichambre, entre une

glace et son encadrement : et sur cette glace étaient écrits, avec de la craie, ces mots bien lisibles : « *On ne dansera pas.* » Je me suis empressé d'effacer et d'apporter la lettre.

— On avait donc quitté l'antichambre ? observa Clairvalle.

— Peut-être, un instant.

— Il suffit, laissez-moi.

Et Paul, sous l'impression d'un étonnement bien naturel, et de nouveau resté seul, relut ce qui suit :

« Vous me croyez bien loin de vous, n'est-
« ce pas, mon cher monsieur Clairvalle, en re-
« gardant seulement ma signature avant de lire
« cette lettre? Mais vous savez, maintenant que
« je vous l'affirme, que j'en suis bien près.
« Mille pardons de venir ainsi vous faire pâlir
« au milieu des joies couleur de rose qui entou-
« rent vos apprêts de noce et de festins. Mais
« que voulez-vous? la porte que vous avez
« laissé fermer sur moi, avec l'élan d'une ami-
« tié noble et véritable, cette porte s'est enfin

« rouverte ; moi aussi, je reprends place au
« doux soleil de la liberté !... »

Paul articula une exclamation profonde, et reprit ensuite :

« Il est inutile de vous dire combien de temps
« la clef de ma prison a mis pour jouer devant
« moi dans la serrure, — deux ans, vous le
« savez. Toutefois, si vous l'aviez oublié, je vous
« le rappelle de tout mon cœur par cette lettre,
« en attendant l'honneur de me présenter chez
« vous. »

— Oh ! fit Clairvalle avec effroi. Puis il continua :

« Sans doute vous ne voudrez pas de moi
« pour premier garçon de fête ; mais, en revan-
« che, je conserve l'espoir que vous daignerez
« au moins reconnaître votre ancien ami.

« PIERRE DESTANG. »

« *P. S.* Une réponse, s'il vous plaît, et,
« croyez-moi, monsieur, ne me la faites pas at-
« tendre. J'irai, ou on ira la chercher à ce même

« endroit où la présente épître a été déposée.
« Ne vous inquiétez pas de savoir comment elle
« disparaîtra, je vous le conseille ; songez plutôt
« à bien recevoir votre beau monde, en ne vous
« effrayant pas trop de mon voisinage... car,
« après tout, qu'est-ce que je veux ? vous
« revoir ; et qui sait ? Peut-être la recon-
« naissance m'amènera-t-elle à baiser votre
« main... »

— Oui, c'est bien lui ! murmura notre fiancé
dans la consternation ; c'est bien son écriture et
son style plein d'ironie ! Oh ! lui, dans un pareil
moment ! Tous mes souvenirs se réveillent à
cette heure... et ils sont affreux, car je fus bien
coupable en même temps que bien malheureux,
par toutes ces luttes intérieures qui se sont li-
vrées en moi depuis... Et cette scène sanglante,
qui s'est reproduite là, pendant mon sommeil,
ne prouve-t-elle pas les angoisses de mon âme,
et maintenant, la force de mes remords ? N'importe, faisons bonne contenance, et répondons
cette seule ligne.

Paul s'avança alors près de cette table où il s'était endormi, et y traça ce billet :

« Venez quand vous voudrez, je n'ai ni à
« vous désirer, ni à vous craindre... »

— A présent, ajouta Paul, allons faire porter ces mots à l'endroit indiqué ; nous verrons bien ensuite.

Clairvalle quitta précipitamment le salon.

IV

Il s'éloignait à peine, que Marie et Julie, sa sœur et sa fiancée, entraient ensemble par un côté opposé ; elles étaient précédées de Joseph, qui leur témoigna sa surprise de ce que son maître n'était plus là, où il l'avait laissé. Mais bientôt les deux amies se trouvèrent seules, et ce fut mademoiselle Fergues qui prit l'initiative de la conversation :

— N'est-il pas vrai, ma sœur, — car il m'est

doux de vous donner à l'avance ce cher nom, — que depuis quelques instants nous sommes à la poursuite de M. Clairvalle sans pouvoir l'atteindre ?

— En effet, répliqua Marie, — comme peinée d'une semblable remarque; — et vous en êtes d'autant plus indulgente, qu'il choisit fort mal son temps pour être triste, préoccupé, monsieur mon frère.

— Je conviens que pour être triste, il a peut-être tort; quant à une préoccupation, c'est différent.

— Comment cela ? dit Marie avec un certain étonnement.

— Si vous le voulez, asseyons-nous et causons.

— Volontiers, Julie; et cet orage qui commence à gronder nous y invite. Il va sans doute retenir nos invités en leur demeure. Ecoutez-donc un peu...

On entendit alors le vent souffler avec violence, et la pluie claquer contre les vitres.

— Voyons, reprit mademoiselle Clairvalle, je vous demandais donc de m'expliquer...

— C'est tout simple. Vous savez que nos parents, voisins les uns des autres, moururent jeunes encore, en nous laissant jeunes aussi en cette vie, et en projetant deux mariages, comme nous sommes à la veille de les contracter, et cela, à l'aide de nos tuteurs et tutrices, qui bientôt doivent se rendre ici.

— C'est vrai. Ensuite ?

— Eh bien, dès l'âge où l'éducation s'empare de la jeunesse, nous fûmes séparés, et, chose étrange ! la mort décima pendant ce temps tous ceux qui nous touchaient de près par divers liens ; de telle sorte que nous sommes, à nous quatre, les quatre seules parties de notre monde.

— C'est encore vrai, répliqua Marie.

— N'imaginez-vous pas alors que si vous étiez à la place d'un homme séparé d'abord de sa fiancée ; que, par la force ou la bizarrerie des circonstances, le destin n'eût permis à cet homme de la voir que rarement avant l'heure de l'é-

pouser; que par conséquent, il ne connût pas toute sa vie de jeune fille, depuis qu'elle pouvait se sentir un cœur de femme... dites-moi, n'auriez-vous pas, par ces motifs, quelques doutes dans le passé, de l'hésitation dans le présent, et enfin certaines craintes pour l'avenir ?

— En vérité, Julie, vous parlez de même que si quelque aveu... Voyons, dites, épanchez votre cœur en mon affection, et, soyez-en sûre, l'indulgence ne vous manquera pas.

— Amie, — fit mademoiselle Fergues en souriant, — ai-je l'air d'une grande coupable ?

— Assurément, non ; mais...

— Un souvenir seulement ; vous voyez que c'est peu de chose....

— Et vous appelez peu de chose un souvenir ! C'est souvent très-sérieux. Au reste, je vous en prie, continuez, et je vous prête la plus grande attention.

Julie poursuivit :

— Il y a environ un an, j'étais encore en une

pension de petite ville, vous ne l'ignorez pas. Là, notre maîtresse à nous toutes pensionnaires, après nous avoir recommandé des économies sur ce que nous possédions d'argent, nous conduisait chaque mois à la prison de cette ville, pour y faire par nous-mêmes une distribution d'aumônes. Les malheureux qui les recevaient nous comblaient, pour la plupart, de souhaits ou bénédictions à leur manière; et, tandis que Madame s'entretenait parfois avec le directeur de cette prison ou des sœurs de charité, nous, nous causions un peu avec nos protégés, et choisissions plusieurs de ces ouvrages de patience, si souvent extraordinaires, vous le savez, de confection et de prix.

— Je sais.

— Par un de ces jours de satisfaction profonde, — et, tenez, je me rappelle même le temps qu'il faisait, un orage comme ce soir, — je fus frappée à l'aspect d'un nouveau détenu. Cet homme, qui me sembla contraster étrangement avec le lieu où il se trouvait, vint droit à moi...

— Il vous connaissait?

— Non; mais, par un hasard commode en pareil cas, je pus aisément l'entendre, notre maîtresse étant fort occupée, cette fois, près d'une personne qu'elle ne s'attendait pas à rencontrer.

Voici ce qu'il me dit :

« Mademoiselle, on m'a beaucoup parlé de
« vous comme d'un cœur d'ange; instinctive-
« ment, je vous ai de suite reconnue à votre en-
« trée dans notre maison » (il appuya sur les mots *notre maison*) « où je suis depuis trois
« semaines seulement, et je vous attendais avec
« la plus vive impatience, pour déposer à vos
« pieds l'expression de la reconnaissance de
« tous mes confrères en malheur. »

— Pas mal, vraiment, pour un prisonnier, observa Marie.

— Je balbutiai alors, continua Julie, quelques paroles, vous le pensez bien; et il ajouta :

« Gardez toujours, mademoiselle, cette mo-
« destie qui vous sied à ravir : c'est une fleur de

« l'âme que Dieu ne manque jamais de joindre
« au vrai mérite. Que le ciel vous rende ici-bas
« tout le bien que vous y faites ; car je sais que
« vous ne vous en tenez pas à donner... vous
« consolez. »

Ensuite il se tut, me salua avec un sourire qui me fit mal, et disparut, non sans me recommander en grâce que, si nous nous rencontrions un jour dans le monde libre, il ne faudrait pas dire que nous nous étions déjà vus. Je promis, quoique je ne comprisse pas l'importance de cette prière, et je rejoignis mes compagnes.

— Comme vous êtes émue, Julie! interrompit mademoiselle Clairvalle.

— Je ne m'en défends pas, ma sœur ; car je me souviens du ton mélancolique et navrant que ce détenu mit dans ses paroles, où régnaient, semblait-il, une grande amertume et pourtant une sainte résignation.

— Et vous ne le revîtes plus? demanda Marie.

— Un mois après ; puis enfin ce fut tout, et

sans savoir son nom, sans qu'il sache le mien, je le crois. Seulement, à cette seconde et dernière entrevue (j'ignore pourquoi nous ne retournâmes plus à la prison), cet homme m'offrit un petit poignard en bois admirablement sculpté, qu'il me supplia, les larmes aux yeux, d'accepter sans rétribution. J'acceptai ce présent, me promettant bien de le faire payer plus tard au triple de sa valeur.

— Vous l'avez conservé?

— Oui, comme objet d'art; il porte sur la garde les initiales P. D.

— Vous me le montrerez; mais, dites-moi, Julie, si ce personnage bizarre venait un jour à se présenter devant vous, le reconnaîtriez-vous bien?

Mademoiselle Fergues rappelant ses souvenirs :

—S'il se présentait... oui... je pense que...

Julie n'acheva pas ; un terrible éclat de la foudre se fit entendre et retentit dans tout le château. Mesdemoiselles Fergues et Clairvalle se levèrent subitement; Pierre Destang parut aussitôt, tandis que Julie, après avoir jeté à cette entrée, si inattendue pour elle, un cri de surprise et d'effroi, cherchait à se dérober aux regards de Pierre.

V

Marie Clairvalle, moins émue que Julie, après avoir adressé à cette dernière quelques mots affectueux et rassurants, se retourna brusquement vers Pierre :

— Et vous, monsieur, qui êtes-vous ?

Pierre ne répondit pas de suite, et mademoiselle Fergues, se remettant un peu de sa frayeur, murmura à voix basse et à part, cette exclamation : — Oh! c'est lui, c'est bien lui !...

Elle s'éloigna.

— Qui êtes-vous donc, monsieur ? répéta

Marie d'une voix sévère ; je vous renouvelle cette question !...

— Que vous êtes parfaitement en droit de me faire, mademoiselle, ou madame, répliqua alors Pierre Destang.

— Je suis mademoiselle Clairvalle.

— Sa sœur, fit Pierre à part lui.

— Et qui vous a annoncé en ces lieux ?

— La foudre, seulement ; c'est vrai, mademoiselle.

Marie, sans s'émouvoir, et comme surexcitée par l'étrangeté de sa situation :

— J'attends de vous, monsieur, de promptes et brèves explications.

— C'est juste ; et vous n'attendrez pas longtemps, dit Pierre.

Puis il s'avança en présentant à Marie le billet qu'il venait de recevoir de son frère :

— Connaissez-vous cette écriture, mademoiselle ?

— C'est celle de mon frère. Après ?

— Je vous prie de prendre lecture de ce billet.

Marie, après avoir lu :

— Eh bien ! mais qu'est-ce qui prouve?...

— Que c'est à moi que ce billet s'adresse, sans doute : aussi, veuillez en examiner, s'il vous plaît, la suscription.

Marie ayant regardé :

— Mais? observa-t-elle, moitié anxieuse, moitié interrogative :

— Qu'est-ce qui atteste, reprit son interlocuteur, que je me nomme bien — Pierre Destang? — C'est encore sagement prévu.

— Enfin, monsieur, ajouta mademoiselle Clairvalle avec une certaine impatience, que voulez-vous?

— Je désire, répartit Pierre d'un ton assez résolu, m'entretenir un instant avec votre frère, M. Paul.

— Nous n'avons point à nous occuper d'affaires ce soir.

— Et qui vous dit, mademoiselle, que c'est pour ce qu'on nomme une affaire, que...? En tout cas, j'abrégerai autant que possible, je vous l'assure, mon entrevue avec M. Clairvalle, et n'oublierai pas qu'en ce moment vous ne voulez, sans doute, que quiétude et bonheur...

Il appuya sur cette dernière phrase, comme quelqu'un très-bien informé.

— Je compte sur ce que vous me promettez, répliqua Marie, et vous en remercie, monsieur; de plus, j'ajoute qu'il me semble que des manières comme les vôtres, ne peuvent être celles d'un homme désireux d'apporter le trouble en notre château. Vous avez dû être peu satisfait, d'abord, de la réception que je vous ai faite, j'en conviens; mais c'est que, voyez-vous, monsieur, votre brusque apparition, qui a tant effrayé mademoiselle Fergues, ma future belle-sœur...

— Veuillez, je vous prie, lui présenter mes très-humbles excuses; peut-être, plus tard, aurai-je l'honneur, moi-même...

— En attendant, je vais vous envoyer mon frère : et si vous êtes pour nous un messager de malheur, que Dieu vous apaise! Si, au contraire, vous êtes l'ange du salut et d'une douce joie, que le ciel vous en bénisse !...

Pierre s'inclina; et, comme Marie se disposait à sortir, il la retint d'un regard tant soit peu ironique, pour lui dire :

— Pardon, mademoiselle, — mais vous paraissez ne plus tenir à ce que je constate l'identité de mon nom ; quant à moi, je me souviens parfaitement de ce devoir à remplir, et j'espère que bientôt...

Adieu donc ! — monsieur Pierre Destang, interrompit Marie.

— Non, mademoiselle Clairvalle, — au revoir ! — si vous le permettez.

Tous deux se saluèrent profondément. Marie laissa Pierre qui, demeuré seul, se dit, — à travers une accentuation qui dénotait en son esprit et en son cœur, un grand désordre, — ce qui va suivre :

« Enfin, nous allons être en face l'un de
« l'autre... moi et ce Paul Clairvalle, après
« deux ans de séparation ! Hélas ! pourquoi ne

« puis-je dire ici, et par un sentiment d'affec-
« tion, — mot d'amertume, quand elle com-
« mence; indice de bonheur, lorsqu'elle finit.
« Oh! oui, il n'y a plus, il ne peut plus y avoir
« entre nous, pendant toute notre vie, que la
« douleur pour moi, — pour lui, que les re-
« mords! Car, entre nous, c'est une amitié
« brisée, et par un coup affreux qui demande
« vengeance de ma part. Vengeance! oh! je ne
« croyais pas que cette parole réjouirait un
« jour mon cœur!... »

Il prête l'oreille à un bruit qu'il semble entendre ; bientôt il reprend:

« Non, il ne vient pas encore. — Comme je
« me suis hâté d'arriver à propos! Quelques
« moments plus tard, et tout, peut-être, était
« terminé, et je ne dérangeais rien de ce qui se
« prépare en cette maison. »

Pierre se tait durant plusieurs secondes ; sa réflexion amène sur sa physionomie une profonde
tristesse ; il continue ainsi : « Pourtant, il se
« passe en moi une chose indéfinissable, et qui

« se met à l'encontre de ma résolution, surtout
« quand je songe à mademoiselle Clairvalle
« dont l'avenir est pour ainsi dire entre mes
« mains ! — Et puis, quelle est donc aussi cette
« demoiselle Fergues sur le point d'épouser ce
« misérable, qui l'aime, sans doute, de toute
« l'âme qu'il n'a pas ?... Si c'était ?... Oh ! non,
« folle pensée ! je ne retrouverai jamais cet
« ange de ma prison ! Oh ! c'est alors qu'il me
« faudrait aiguiser ma haine, si elle n'existait
« déjà terrible contre le *noble* seigneur de ce
« château ! Mais, quoi qu'il en soit, aucune
« union ne s'accomplira pour lui, je l'espère...
« et combien, en ne paraissant point encore, il
« me fait mourir d'impatience !... »

VI

A ces dernières paroles succéda une promenade à grands pas dans le salon, à la suite de laquelle, Pierre s'assit dans le fauteuil qu'occupait Paul au commencement de ce récit. Voyant alors entrer Daniel qui, lui, ne l'aperçut pas d'abord :

— Ce n'est point encore ce Clairvalle ! dit-il.

Daniel témoignait de la façon que nous allons reproduire, un certain mécontentement :

« Jolie soirée, ma foi ! Je m'amuse exacte-
« ment comme une croûte de pain au fond
« d'un abîme ! Les grands parents, les amis
« n'arrivent pas.... il n'y a, pour ainsi dire, pas
« un chat dans ce grenier de château ! Cinq ou
« six vieilles personnes qui ont peine à se dé-
« mêler au wisth... voilà tout le personnel ! »

Pierre Destang se leva et alla frapper doucement sur l'épaule de Daniel.

— Monsieur est sûrement un ami de la maison ?

Dutremblay se retourna avec une sorte d'effroi, et à part :

— Tiens, un invité ! fit-il.

Puis répondant à Pierre :

— Oui, Monsieur, le plus proche... du cœur.

— Vous venez de m'en convaincre.

— Eh! quoi, vous étiez là lorsque...?

— Vous vous exprimiez à merveille.

— Oh! mon Dieu, c'est tout simplement histoire de *jacasser*; habitude de manger mes amis quand je suis tout seul. Mais cela n'empêche pas qu'à l'occasion... Et vous, monsieur, que faites-vous donc ici?

— J'y attends quelqu'un qui tarde bien.

Daniel se rapprochant de Pierre et mystérieusement :

— Vous êtes sans doute en bonne fortune... Chut! vous aimez donc les Vieilles? Quelquefois cela a son bon côté; cela évite des duels.

— J'attends M. Clairvalle... Mais, j'avoue qu'avec vous, on prend patience.

— Je ne comprends pas bien...

— C'est pourtant facile; c'est qu'on ne peut guère vous écouter et vous regarder, sans sourire de satisfaction.

— Je crois, Dieu me pardonne, répliqua Daniel, que vous vous moquez de moi! mais, ajouta-t-il d'un air superbe, je méprise...

A part : C'est moins dangereux.

Puis, ouvrant une tabatière, et la mettant presque sous le nez de Destang :

— En usez-vous?

Et comme Pierre lui tourna le dos pour toute réponse :

— Ah ça mais, continua-t-il, vous m'échauffez les oreilles, savez-vous, monsieur l'intrus ! car vous m'avez l'air diablement pas à votre place!

— De même que vous, lui fut-il répliqué ; aussi vous permettez...

Pierre fit mine de le pousser devant lui.

— Si je veux, s'entend, s'écria le gandin villageois.

— Vous voudrez... Hâtons-nous, s'il vous plaît!

Et Pierre insistait du geste, pour que la sortie de Daniel eût lieu.

— Je sors, finit par dire celui-ci d'une voix

qui exhalait une sorte de rage, et en reculant ; je sors ! mais n'imaginez pas m'effrayer ; il ne faut pas que vous pensiez que je recule pour votre bon plaisir ! Par exemple ! Oh ! non, c'est uniquement pour le mien. Je me nomme Dutremblay : Daniel, Ignace Dutremblay, entendez-vous bien ! et pas le moindrement pour vous servir.

— Eh bien ! allez donc, monsieur Ignace, allez donc !

Daniel était arrivé toujours en marchant à reculons, jusqu'à la porte qu'il venait de franchir ; mais il revint un peu sur ses pas, et jeta ces derniers mots à Pierre :

— Adieu, au revoir, monsieur l'intrus, le triple intrus !!

Et il disparut précipitamment.

En le regardant s'éloigner :

— Cet homme, que le hasard m'a envoyé, pourra peut-être me servir, observa Pierre.

Daniel fut aussitôt remplacé par M. Lucien

Fergues, qui, après les saluts d'usage, s'empressa de dire à Destang :

— Monsieur, je viens vous annoncer M. Clairvalle, mon futur beau-frère ; il est près de ma sœur encore toute troublée par une cause qui ne vous est point inconnue.

— Combien, répondit Destang, vous me voyez confus d'avoir jeté quelque épouvante dans l'esprit d'une personne qui vous touche de si près! Combien je le regrette également, pour son fiancé qui doit être, sans nul doute, dans une grande désolation !

— Assurément ; car il aime ma sœur, on ne peut davantage.

— Oh! tant mieux! fit Pierre, à part.

S'adressant de nouveau à Lucien :

— Quel ami loyal, et quel frère dévoué, vous allez avoir !

— N'est-ce pas, monsieur? Vous connaissez déjà ce cher Paul ; et vous n'avez jamais eu qu'à vous en louer, n'est-il pas vrai?

Le visage de Pierre se contracta fortement à travers cette phrase :

— Je viens pour lui témoigner de vifs remerciments.

M. Fergues qui s'était retourné à l'approche de quelqu'un :

— Justement le voici! indiqua-t-il.

— Ah! enfin! se dit Pierre.

En entrant, Clairvalle pria Lucien de se retirer, ce qu'il fit volontiers et avec discrétion, mais non sans se dire :

— Cet homme a quelque chose de bizarre ; je veillerai sur lui.

Paul et Destang se trouvèrent donc en présence l'un de l'autre.

VII

Pierre se prit à sourire d'une manière railleuse et tant soit peu convulsive en tendant la main à son hôte :

— Vous permettez..? après une aussi longue absence !

— Je ne sais si je dois,... murmura faiblement Clairvalle.

— Mais certainement que... vous devez. Est-ce que, par hasard, vous seriez devenu humble et timide, cher ami ?

— Pas de raillerie, monsieur ; que voulez-vous ?

— M'enivrer d'abord de plaisir en vous regardant ; nous verrons ensuite.

— Je ne suis point d'humeur à attendre, riposta Paul.

— Tout beau, M. Clairvalle ! c'est-à-dire que vous désireriez bien me savoir, à l'heure qu'il est, à une demi-douzaine, au moins, de pieds sous terre, n'est-ce pas ? Hélas ! par malheur pour vous, j'existe et ne veux pas, ne vous en déplaise, aller exister ailleurs qu'ici.

— Comme vous voudrez ; mais...

— Pas de précipitation, et procédons par ordre, je vous prie; voyons, j'imagine que vous savez d'où je viens.

— Je l'ignore.

— Ah! vous l'ignorez? je vais vous l'apprendre. Je sors de prison, et vous avez ma première visite pendant laquelle j'espère retremper votre mémoire, de tout le fiel répandu dans mon cœur, à l'aide de la *noblesse* du vôtre.

— Poursuivez, j'aurai la patience de vous écouter.

— Merci. — Nous nous aimions autrefois, peut-être mieux que deux frères, continua Destang; vous l'ignorez sans doute encore; nos plaisirs, nos peines étaient en commun; nos habitations même. Un soir donc que vous étiez dans la mienne, seul avec votre maîtresse...

— Héloïse! s'écria Paul.

— Ah! voilà, je crois, que la mémoire vous revient!... Oui, Héloïse, cette jeune fille que vous soupçonniez toujours d'infidélité envers vous, et ce soir-là, plus injustement que jamais.

— Ah! c'est elle la cause des plus grandes

souffrances de ma vie! fit Clairvalle avec un accent désespéré.

— Et vous voulez d'un mariage avec une autre, comme consolation; n'est-ce point cela?

— Si vous avez à vous venger, tuez-moi, monsieur, voici ma poitrine; mais ne venez pas m'insulter chez moi, où je pourrais sur un signe...

— Me faire chasser, n'est-ce pas?... Vous tuer! allons donc! Oh! que ce n'est point ainsi que je prétends agir! je ne suis point aussi insensé! Veuillez m'accorder toute votre attention; car, je continue :

— A l'époque que je vous rappelle, vous devîntes furieux, forcené dans vos explications avec Héloïse; à tel point que...

— N'achevez pas, je vous en conjure, articula Paul égaré.

— A tel point, qu'un poignard fut saisi par vous...

— Oh! par pitié!

— Et que deux coups, portés d'une main

plus cruelle qu'assurée, firent tomber la malheureuse, sanglante, sur le carreau.

— Parlez plus bas! plus bas!... je vous en supplie!

— Vous souvenez-vous, maintenant?

— Oh! frappez-moi donc à votre tour!

Pierre, sans s'émouvoir :

— Après l'infamie, commença la lâcheté. Clairvalle, alors, ayant horreur de son crime, se mit à fuir...

— Ah! oui, votre vengeance se dresse impitoyable, interrompit Paul.

— Votre maîtresse ne succomba pas de suite; elle se releva avec l'aide de la justice et de moi, qui l'avais précédée. Mais Héloïse devint folle et muette; puis enfin elle mourut.

— Oh! je l'avoue, je fus infâme!

— Cette jeune fille frappée chez moi avec une arme qui m'appartenait, cela suffit et de reste pour que je fusse arrêté sous la prévention de coups et blessures. Vous savez la suite, je le pense... Eh! oui, cachez votre visage, monsieur, cachez-le bien!!

Clairvalle était consterné.

— Oh! Pierre, dit-il, mon ancien ami, grâce, pardonnez-moi ; car, cent fois, j'eus le désir de tout révéler, à vos juges qui devaient être les miens!

— Cent fois! Comme ce nombre est magnifique de conscience et de résolution, répondit Pierre, avec la plus amère ironie.

— Et je l'aurais fait, poursuivit Paul, si je n'eusse revu, quelque temps après, mademoiselle Fergues. Oh! les terribles instants qui s'écoulèrent ensuite pour moi, attestent de mes luttes et de mes tortures! Je ne vis plus qu'elle alors ; je craignis de la perdre pour toujours lorsqu'elle apprendrait tout ce qui s'était passé, espérant, d'autre part, que rien de cet affreux événement ne parviendrait jusqu'à elle. Je redoutais surtout la profondeur du mépris que je lui inspirerais ; et au lieu d'aller me jeter à ses pieds, comme un homme indigne, mais au moins loyal, je ne me souvins plus que de mon père et de ma mère pour des projets d'union entre Julie et moi; et puis... que sais-je? J'avais la tête perdue !

Pierre paraissait ému ; il reprit avec tristesse et une sorte de solennité :

— Écoutez-moi bien, monsieur Paul! Si je n'avais à vous reprocher que votre dissimulation criminelle et de bas étage, vous en conviendrez, — ensuite ma privation d'air pur, de soleil et de liberté, étouffé que j'étais dans ces murailles qui vous crient sourdement : — ATTENDRE QUE LA JUSTICE HUMAINE SOIT SATISFAITE ! — si, vous aimant assez pour vous être dévoué à toute épreuve, surtout pour ne pas penser que mon silence pouvait amener le vôtre dans les circonstances extrêmes que je viens de retracer; si, je le répète, je n'avais que de pareils griefs contre vous, — étant seul au monde à présent, — eh bien, je crois que je me tairais, et que je vous abandonnerais simplement au jugement de vous-même pour toute réparation ! Mais mon sang se révolte, mais mon indignation éclate, lorsque je songe, moi aussi, à mon père. Pauvre père! qui mourut pendant mes jours de détention préventive, accablé d'angoisses, sans douter de mon innocence, et au moment où j'allais enfin parler, sentant alors que rien ne peut se comparer au sentiment filial.

— Malheureux! s'écria Paul.

— Ah! ne me plaignez pas, monsieur! Je ne veux pas que vous me plaigniez; cela me porterait encore malheur, quoiqu'il ne peut rien y avoir pour moi de plus pénible que le passé! C'est ainsi que, profondément las de la vie, j'ai voulu subir entièrement le reste de ma condamnation, me réservant et espérant pour l'avenir une vengeance digne de mon abnégation et de mes douleurs... Je touche à cet instant, car vous êtes un infâme, car vous êtes un lâche!! Et voilà comment les hommes de cœur doivent traiter les lâches et les infâmes!!!

Destang fouetta son gant au visage de Clairvalle.

— Ah! monsieur, c'en est trop à la fin, s'écria le fiancé de Julie; et vous allez m'entendre à votre tour. Je fus coupable, horriblement coupable envers vous, je l'avoue à la face de Dieu! Je lui en demande, s'il le faut, justice pour vous. J'ai supporté votre langage rude et offensant avec toute la patience, toute la résignation que donne le sentiment d'une véritable faute envers quelqu'un; je vous ai dit :
— Allons au but, que voulez-vous? J'ai imploré de votre générosité mon pardon; j'ai ajouté :
— Vengez-vous, prenez ma vie, voilà ma poitrine! Eh bien, je vous redis tout cela, et de toute la force de ma conviction! Mais, encore une fois, monsieur, terminons-en promptement, je vous prie; acceptez ce que je vous propose, ou retirez-vous sur-le-champ, car, en définitive, je suis chez moi; de plus, je ne vous crains pas!

— Oui, c'est vrai, répondit Pierre tranquillement et avec un sourire diabolique; oui, je vous comprends, pas de preuves accusatrices contre vous, que ce débris de poignard encore rouge... Regardez !

Il montrait en effet le reste d'une arme.

— Mais je me rappelle une chose que j'aurais pû certainement employer plus tôt : c'est que vous m'avez dit un jour, que vous ne feriez jamais un faux serment, si ce serment vous était demandé sur la tombe de votre mère...

— Il me perdra, fit Paul à part.

— J'en suis donc à l'instant de savoir s'il vous convient de couronner votre œuvre par un parjure !...

— Encore un coup, monsieur, une décision prompte, ou bien j'appelle...

— Mademoiselle Fergues, sans doute, dit Destang avec une lenteur accablante pour Paul.

— Mais dites-moi donc ce que vous voulez, reprit ce dernier au comble de l'impatience irritée : de l'argent, ma protection pour quelque emploi ?... Oh ! ce n'est pas pour vous humilier, croyez-le bien, que je vous fais de telles offres.

— Votre protection ! répondit Pierre dans le

paroxysme de l'indignation; votre protection, monsieur! allons donc! Mais, j'aimerais mieux être écrasé!

— Quoi donc alors? Oh! c'est à en devenir fou!

Clairvalle se disposait à sonner;

Pierre l'en empêcha et lui répondit :

— Ecoutez, monsieur le fiancé de ce soir, monsieur Paul Clairvalle, le seigneur et maître de ce château, écoutez le prisonnier d'autrefois; voilà ce qu'il demande, voilà ce qu'il veut!...

— Parlez!

— Je veux resserrer les liens qui nous unissent déjà si étroitement, poursuivit Pierre avec persifflage, et j'exige donc...

— Vous exigez?

— Epouser votre sœur.

— Epouser ma sœur!... vous?

— Rien de plus, rien de moins.

— Mais vous êtes insensé!!

— Je vais, ajouta Destang avec le plus grand sangfroid, dans vos jardins, dans votre parc;

l'obscurité m'est devenue familière, vous savez ; et bientôt je reviendrai chercher votre réponse, résultat de vos réflexions. J'ai bien l'honneur... et au revoir !...

Pierre s'inclina profondément et avec affectation devant Paul, puis il sortit lentement.

Clairvalle était terrifié.

Épouser ma sœur ! répéta-t-il ; lui ! Oh ! l'ai-je bien entendu, grand Dieu ! Oh ! pourquoi n'ai-je pas eu le courage d'un aveu sans réserve ? Oh ! si Pierre Destang parle, et il parlera, car la condition qu'il impose est impossible, je suis perdu ! Comment soutenir après cela les regards de Julie ? O mon Dieu ! que faire ? que devenir ? O mon Dieu ! c'est affreux !!...

Après ces dernières paroles, le châtelain disparut à son tour, en proie au plus violent désespoir.

VIII

Clairvalle revint dans le salon où se passe notre histoire. Julie y entrait en même temps que lui.

— Ah! je vous cherchais, mademoiselle, — lui dit-il. — Eh bien! comment vous trouvez-vous maintenant?

— Bien, mon ami, — répondit Julie; — mais vous, vous me paraissez agité, souffrant...

— Moi? mais non, je vous assure; et comment cela serait-il possible, au moment où mon soleil me revient?

— Peut-être sentez-vous le rayon qui éclaire, tandis que moi, j'aperçois l'ombre qui a passé.

— Vous êtes encore sous l'influence de cette fâcheuse surprise de tout-à-l'heure.

— Il n'en est plus rien; mais, vous l'avouerai-je? je ne suis pas tranquille, pas heureuse...

— Vous, Julie ?

— Oui, — continua-t-elle ; et il n'est pas trop tard pour que je vous le dise ; oui, je suis impuissante à m'expliquer ce qui se passe en mon esprit et mon cœur ; et, plus l'époque de notre union tant désirée approche, — et plus... ardonnez-moi, je vous afflige...

— En effet, mademoiselle ; mais qu'y a-t-il donc à présent de si sérieux pour vous, en dehors de ce mariage ?

— Votre apparence sombre et préoccupée, qui, paraît-il, augmente chaque jour davantage. Dans le commencement, je ne devais y apporter qu'une attention légère ; mais, en ce moment...

— Julie, pourquoi un tel langage ?

— Votre visage, mon ami, n'a jamais été aussi pâle qu'à cette heure...

— Eh bien ! qu'est-ce que cela ?...

— Monsieur Paul, je veux vous entretenir à cœur ouvert.

— Je ne demande pas mieux, répliqua Clairvalle.

— Eh bien ! n'est-ce pas avec l'étranger que vous savez... que vous venez d'avoir une assez longue entrevue ?

— Oui.

— Et... cet étranger est-il parti ? demanda Julie avec une anxieuse hésitation.

— Oui, mademoiselle.

— Reviendra-t-il ?

— Je ne sais...

— Prenez garde... Je vous ai dit — *à cœur ouvert*.

— Eh bien ! cette personne reviendra, avoua Paul d'un ton triste et embarrassé.

— Quand ?

— Bientôt.

— Et pourquoi ?

— Pour une réponse à lui donner.

— A quoi, une réponse ? Vous me permettez toutes ces questions, n'est-ce pas, mon futur époux ?

— Il me semble, mademoiselle, que vous

allez bien loin ; car, enfin, ce peut être pour une affaire seulement à lui.

— Moi, je pense, monsieur, que c'est une affaire à vous, ou plutôt entre vous deux ; pardonnez-moi encore cette supposition, en faveur de ma franchise.

— Et vous n'estimez pas ce motif assez suffisant pour que...

— Si c'est un secret, monsieur Clairvalle, au point où nous en sommes, vous m'en devez la moitié.

— Ne m'interrogez pas, je vous en prie ; car, si vous m'aimez, votre insistance serait presque une injure, puisque vous n'auriez pas confiance ; si vous ne m'aimez pas, où prendriez-vous le droit de me questionner ?

— Paul, je vous interroge parce que je vous aime ; et vous, vous me contestez ce droit dont vous parlez, parce que vous ne m'aimez pas.

— Julie, vous venez de porter là une horrible accusation contre moi ; et Dieu, qui sait tout, vous déclare un juge au moins imprudent ;

si je ne vous aime pas, moi, il ne faut plus chercher d'amour nulle part, pas même au ciel.

— Je ne comprends pas, alors... dit Julie. Et, tenez, ah ! oui, je pressens une chose fatale qu'on aura toujours voulu nous taire à toutes deux, — à Marie et à moi. Peut-être cette chose se rapporte-t-elle à ce que je vais vous dire ; car, moi, je ne vous cacherai rien.

— Oh ! si j'osais parler ! dit, à part lui, Clairvalle tout tremblant.

— Il y a donc un an environ, reprit Julie, que j'ai fait un serment, celui que si jamais je retrouvais quelqu'un que j'avais rencontré ailleurs que dans ce qu'on appelle le monde, je m'abstiendrais de le dire à qui que ce fût.

— Et cette personne, l'auriez-vous revue ?

— Oui, monsieur.

— En connaissez-vous le nom ? demanda Paul avec empressement.

— Aucunement ; seulement, alors, c'était un prisonnier...

— Un prisonnier !

— Bien malheureux, mais plein de résignation.

— Savez-vous où il est en ce moment?

— Il sort d'ici, répondit résolument Julie; mais je ne pense pas qu'il m'ait reconnue lorsqu'il y est entré. N'est-ce pas lui qui va venir chercher *cette réponse?*

Clairvalle devint livide pendant que Julie se disait :

— Mais, mon Dieu! qu'est-ce qu'il y a donc entre eux?

Elle s'adressa de nouveau à son fiancé :

— Vous voyez, monsieur, si je vous aime! car, pour vous, je trahis un serment.

— Pour vous, mademoiselle, répondit Paul d'un accent concentré, j'ai fait mille fois plus...

Il n'acheva pas; l'aveu expirait sur ses lèvres.

— Eh quoi! vous vous taisez encore? fit Julie.

— Je voudrais parler, mademoiselle... je ne le puis... O Julie! ma Julie bien aimée! ne me fuyez pas, je vous en supplie! car, si vous me quittez à présent, il me semble que vous ne me reverrez jamais!

Mademoiselle Fergues était aussi blessée que surprise de toutes ces réticences de la part d'un homme à qui elle allait donner la garde de sa vie; elle reprit à son tour avec dignité :

— J'espère, monsieur Clairvalle, que vous ne doutez plus de moi; mais, je sais maintenant ce qu'il me reste à faire, puisque vous avez voulu que je doutasse de vous.

Elle alla pour sortir; Paul lui cria :

— Par grâce! Julie! mademoiselle! ma fiancée! ne me désespérez pas ainsi!

Julie ne s'en éloigna pas moins en disant :

— Adieu, monsieur, adieu!

IX

—Ma position est horrible! s'écria Clairvalle,

après la sortie de sa fiancée.—Que dois-je espérer en rompant ce silence qui me torture? Pourtant, Julie m'a dit bien des fois : « — Vos joies, pour ne rien vous en prendre; vos chagrins, pour ne point vous en laisser ! » Mon Dieu! que résoudre? Heureusement que Pierre ne reparaît pas encore!

En se retournant, Paul vit sa sœur, à laquelle il se hâta de dire, avec une voix et des mouvement fébriles :

— Un court entretien, ma sœur !... mais quelque chose de décisif; veuillez m'entendre !

— Qu'as-tu, mon frère? Vraiment, tu m'effrayes, fit Marie consternée.

— Je suis, en effet, sur le bord d'un abîme... Empêche-moi d'y tomber... toi seul en es maîtresse.

— Parle, mon cher Paul!

— Prépare-toi, Marie, à me donner la preuve du plus grand dévouement.

— Paul, il est vrai que je frissonne ; mais non pas à cause de l'importance du sacrifice à accomplir, sois-en sûr; je tremble seulement par la pensée que tu es affreusement menacé?

— Écoute! reprit le frère: depuis le commencement de cette nuit, qui, pour nous tous, devait être un prélude de bonheur, je ne vis plus que par d'inexprimables angoisses qui se sont emparées de moi!

— Puisque tu m'as dit qu'il m'était possible de les faire cesser, il faut m'en instruire sans retard; car, tu le sais, depuis longtemps déjà, nous n'avons plus, sur la terre, moi que toi, toi que moi.

— Mille fois merci! Mais lorsque tu apprendras...

— Va! ne crains rien, mon frère; ne crains rien!

— Ah! je n'aurai jamais le courage de t'adresser ma prière! Ah! je suis bien malheureux! Pourquoi la foudre qui grondait tout à l'heure, ne m'a-t-elle pas écrasé?

— Parce que Dieu voulait que l'amour fraternel, un des plus saints amours, manifestât une fois de plus sa puissance! Ah! mon frère! parle, parle sans délai!

— Eh bien! puisque tu m'y engages avec tant d'âme, sache donc qu'il te faudrait renoncer...

— Renoncer?

— A toute cette félicité que tu apercevais dans l'avenir.

— Comment? dit Marie, dont les traits se bouleversaient.

— Oui, j'irai jusqu'à la fin de ma confidence, puisque je l'ai commencée à l'aide de tant d'affection de ta part. Eh bien! chère et tendre sœur, il faudrait lui avouer...

— Avouer... à qui?

Paul s'arrêta quelques secondes; puis enfin :

— A Lucien Fergues, qu'il ne doit plus compter sur la main que tu lui avais promise.

— Répétez-moi bien, mon frère, vos dernières paroles; car je ne crois pas les avoir bien entendues, répliqua mademoiselle Clairvalle, comme pétrifiée.

— Ah ! je te disais bien !... Quel supplice ! ajouta Paul dans un *à parte.*

— Ah ! j'en conviens, le coup est terrible ! il m'anéantit... Laisse-moi m'en remettre un instant, murmura la pauvre Marie.

— Pardonne-moi, oh ! pardonne-moi, mon excellente sœur !

Paul était à genoux, suppliant. Elle le releva et continua, avec ce courage de la femme dans les circonstances extrêmes :

— Mais si je consentais... quel serait donc le malheur que j'aurais conjuré avec une blessure aussi profonde que la mienne ?

— Tu nous sauves à tous deux l'honneur, et tu me conserves Julie, qu'autrement, je perds à jamais !

— Compte sur moi, mon frère, dit froidement mademoiselle Clairvalle avec une résolution héroïque.

— Oh ! je suis en admiration devant toi, cher ange, qui portes le saint nom de notre Mère à tous! Mais ce n'est pourtant encore que la moitié du sacrifice...

— Si je renonce volontairement à Lucien, répondit Marie comme une victime qui vient de se rendre au bourreau de la nécessité, rien ne peut me coûter ensuite.

— Pas même d'en épouser un autre? articula péniblement le frère, effrayé de sa seconde demande.

— Pas même d'en épouser un autre, redit la sœur, — en m'accordant, toutefois, le temps de me préparer à passer du Ciel dans l'Enfer... surtout si, comme je le pense, on ne s'impose à moi qu'à cause de M. Paul Clairvalle.

— Ah! ce n'est plus d'admiration, mais bien d'adoration, que je me prosterne!

Paul veut retomber à genoux.

Marie, le retenant :

— Remercie le ciel, cher Paul! car, lorsqu'on reconnaît une créature grande dans ses œuvres, c'est que Dieu l'a voulu.

— Ah! tu es si noble, si généreuse, que tu ne

m'interroges seulement pas sur l'homme auquel ton destin sera désormais confié.

— L'abnégation n'est qu'une, mon ami ; et je ne demande rien de ton secret, rien d'un maître que je pressens tel, parce que j'espère que, pour sauvegarder ton honneur, tu ne voudrais pas que le mien fût compromis.

— Marie, j'ai dit *notre* honneur ! C'est moi qui ai flétri l'homme dont nous nous entretenons ; c'est toi qui daigneras réparer ma faute.

— Il suffit, mon cher Paul, mon frère ; va ! ne t'inquiète plus, et laisse-moi seule avec M. Fergues, que je crois entendre se diriger du côté de ce salon.

Clairvalle baisa avec une effusion presque convulsive, les mains de sa sœur avant de la quitter.

Bientôt, Lucien se trouvait près de Marie.

X

— Allons, dit Fergues en entrant, et apercevant sa fiancée — décidément la tristesse paraît se plaire et régner au château de Clairvalle! Et vous-même, mademoiselle Marie...

— Vous trouvez, monsieur Lucien? lui fût-il répondu.

— Il est vrai que dans nos salons, ce soir, il n'y a pas seulement pour former un quadrille... nous jouons de malheur.

— Vous auriez donc voulu danser? demanda Marie.

— C'est là une singulière question que vous m'adressez, convenez-en.

— Encore une fois, vous êtes donc bien fâché, monsieur, que notre fête soit déserte?

— Mais assurément, mademoiselle.

— Eh bien, moi, au contraire, observa la

jeune fille, je ne regrette pas, pour vous, l'absence de ces heures de plaisir.

— Que voulez-vous dire? fit Lucien étonné.

— Je vous répète que je suis en quelque sorte heureuse, que presque tous nos invités ne se soient pas rendus à notre appel... et qu'ils aient comme pressenti, qu'on ne s'amuserait point en ces lieux.

— Moi, je vous avoue que, pour mon compte, j'en suis extrêmement contrarié.

— Monsieur Fergues, permettez-moi une nouvelle question. Croyez-vous aux pressentiments?

— Mais, mademoiselle, je ne suis pas bien éloigné de ces idées-là.

— Alors, au moment où nous parlons, ne vous vient-il rien de sinistre à l'esprit?

— Mon Dieu, non, mademoiselle Marie; en serait-il autrement de votre part?

— A moi, une effrayante certitude n'a pas donné le temps aux pressentiments de se faire place.

— Et cependant, vous me paraissez calme...

— Oui, observa Marie, calme et froide comme la résolution et la profonde douleur. Oh! c'est que, voyez-vous, il faut craindre de commencer par une larme dans sa douleur, car alors, on pourrait bien finir par une faiblesse dans sa résolution.

— De grâce! expliquez-vous, Marie! fit Lucien avec une espèce d'entraînement et d'anxiété.

Mademoiselle Clairvalle résolument :

— Je ne vous épouse plus, monsieur Fergues!

— Vous ne m'épousez plus! répliqua Lucien avec l'expression de la plus grande surprise.

— Non, monsieur; il le faut! c'est une nécessité implacable!...

— Comme, en pareille circonstance, votre langage ne peut pas être une plaisanterie, c'est donc une injure que vous me faites?

— Ah! monsieur! pouvez-vous parler ainsi!

— Mais enfin, au point où nous en sommes arrivés, quand bientôt nous allons prononcer le *oui* solennel, lorsque toute mon existence se rattache à la vôtre; quand encore, jusqu'à présent, vous m'avez laissé m'enivrer de ces douces espérances d'un amour réciproque, quels sont donc les motifs qui frappent sur tout cela pour le réduire en poussière?

— Ah! Lucien, Lucien! s'écria Marie — des larmes dans la voix.

— Qu'avez-vous, chère mademoiselle? Que se passe-t-il ici? Répondez-moi, je vous en supplie!

— Ce qui se passe, j'ai voulu en ignorer la cause; ce que je sais seulement, c'est que je vous aime de toute mon âme!

— Peut-il donc y avoir, après cela, une volonté plus forte que cet amour?

— Oui! Et je ne saurais la défier sans vous prouver que vous n'êtes pas cher à mon cœur.

— Ah! Marie! serait-ce possible?

— Rien n'est plus vrai! Et, tenez, ne m'ôtez pas le courage dont j'ai tant besoin... Mais que je vous regarde encore, ajouta-t-elle en se rapprochant et en prenant la main de son fiancé ; que j'entende une dernière fois cette voix, la vie de ma parole, pour m'en souvenir jusqu'à la mort... et puis après... après, le sacrifice, les larmes, le désespoir !

— Et vous croyez qu'en voyant un tel trésor briller de tous ses feux célestes, qu'en aspirant chacun de ses mots comme autant de prières sacrées, — vous croyez que je vais renoncer, quels que soient les obstacles, à ces aspirations et à ce trésor ?... N'y comptez pas, Marie, oh ! n'y comptez jamais !

— Je vous ai dit, Lucien, qu'il le fallait, repartit mademoiselle Clairvalle paraissant reprendre un peu de calme. Cet étranger, poursuivit-elle, cet étranger, vous savez... Eh bien !...

— Eh bien, oui, il m'a paru en effet un personnage de mauvais augure.

— Cet homme possède un secret, interrompit la sœur de Paul.

— Un secret ?...

— Entre mon frère et lui...

— Ensuite? demanda Fergues.

— Pour garantir l'honneur de mon frère, il impose la condition...

— Ah! je redoute de comprendre... mais, en tout cas, c'est une dérision mille fois amère que cette condition! Oh! j'irai trouver cet homme, et nous verrons alors si mon sang ne vaut pas le sien!

— Lucien, pas d'emportements, je vous en conjure!... D'ailleurs, j'ai promis à mon frère...

— De sauver son honneur... oui, c'est bien; mais par quel moyen, bonté du ciel!

— Monsieur Fergues, quelle que soit l'étendue, la force de votre chagrin, — ah! croyez-moi, ne soyez point au-dessous d'une femme pour l'amour et le courage... car je veux vous conserver aussi un nom intact et pur.

— Marie, je souffre comme on doit souffrir chez les damnés!... mais puis-je vous adresser un seul reproche!...

— Oh! merci! merci, mon ami! s'écria-t-elle.

— Quant à renoncer à vous, jamais ! Allez, je vous en prie, retrouver votre frère et ma sœur ; soyez tous trois sans inquiétude. L'étranger ne peut tarder à reparaître... je l'attends !

— Eh bien oui, Lucien, mon fiancé, ce que j'ai de plus cher au monde ; oui, je cède à votre prière !... promettez-moi au moins...

— De la prudence, vous voulez dire ; on n'est pas un homme véritable sans cela. Retirez-vous donc, mademoiselle, et laissez-moi faire, avec l'aide du ciel.

La malheureuse enfant se rendit aux instances réitérées de son futur époux, et, s'éloignant à pas lents et tristes, elle murmura :

— O mon Dieu ! mon Dieu ! que va-t-il arriver de toutes ces poignantes douleurs !!...

XI

A ce moment, Daniel Dutremblay n'était certainement pas ce que Fergues attendait ; cependant il fallut bien l'écouter lorsqu'il reparut dans l'appartement. Il était tout effaré, et voici ce qu'il dit à Lucien :

— Ah ! bon ! justement, je vous rencontre, monsieur.

— Et pourquoi semblez-vous tant avoir besoin de me rencontrer, monsieur Daniel ?

— Permettez-moi une question, continua le gandin.

— Volontiers, pourvu, toutefois, que ce n'en soit qu'une ; vous me voyez extrêmement pressé.

— Soyez tranquille, ce n'en sera qu'une ; voilà : Pouvez-vous me protéger ?

— Vous protéger ? contre qui ? contre quoi ?

— Contre un démon de la première volée, auquel je vous prie de vouloir bien défendre de me poursuivre comme il le fait, avec tant d'acharnement. Ce démon est un inconnu ; mais, à part le désagrément qu'il me procure, il m'est avis qu'il médite une surprise ennuyeuse à quelqu'un de ce château. Cette surprise ne serait-elle pas pour vous?

— Nous verrons bien. Quant à ce qui vous regarde, ne pourriez-vous pas vous défendre seul?

— Si vous me refusez votre aide, observa Daniel, j'invoquerai saint Ignace, mon patron; je sais que c'est à lui qu'il faut que j'aie recours en cette occasion; mais n'importe; et savez-vous d'abord de qui je veux parler?

— A de telles enseignes, que j'attends ce démon.

— Bah! fit Ignace; mais vous êtes peut-être plus désireux de le revoir, que lui de reparaître.

— Comment cela?

— A supposer que nous soyons bien d'accord sur le *quidam*, une espèce de malotru qui se donne des airs de faire reculer les gens... avec une barbe de bouc...

— Ce doit être lui, dit Fergues.

— Eh bien, il se dirigeait effectivement de ce côté, lorsque mademoiselle Fergues étant seule dans le jardin, le hasard voulut que cet homme passât tout près d'elle. Après la pluie le beau temps, comme vous savez ; c'est pour vous dire qu'en ce moment, un superbe rayon de lune éclaira l'obscurité qui régnait. Tout à coup le damné poussa cette exclamation que j'ai parfaitement entendue : « C'est elle ! c'est bien elle ! » Alors mademoiselle Julie rentra, et le farfadet, au contraire, car c'en est au moins un, se démena aussitôt en mots et en gestes désordonnés, et se prit à courir plutôt qu'il ne marcha, vers l'extrémité du parc, bien loin, bien loin... C'est alors que, content de lui avoir encore une fois échappé, je me suis précipité ici, et que... me voilà !

— Ah ! tant mieux, mon cher monsieur, répliqua l'ami de Paul...

— Je crois bien, tant mieux !

— Car vous allez rester en ce salon pour empêcher cet homme d'en sortir, s'il y pénètre de nouveau ; tandis que moi, qui suis brûlé d'impatience, je vole sur ses traces.

— Quoi ! vous voudriez?... répondit Ignace, dont le visage devenait d'un blanc de suaire.

— Vous m'avez dit vers l'extrémité du parc? demanda Fergues ; mais, est-ce à droite, est-ce à gauche qu'il s'est dirigé ?

— Je crois que c'est à gauche....

— Bien ; ne quittez donc pas votre poste, je vous en prie ; et surtout, ferme ! monsieur Dutremblay, en ami brave et dévoué !

Lucien, sans plus attendre, sortit précipitamment, pendant que Daniel lui criait :

— Oui, à gauche ! par le chemin des Roses ; et ramenez-le, l'enragé ! Ah ! pourvu, se dit-il ensuite, pourvu qu'ils se rencontrent et s'arrangent promptement, afin que ma dégoûtante faction puisse bientôt cesser !

Daniel-Ignace achevait à peine cette dernière réflexion que Destang parut à son tour :

— Daniel ! fit-il à part lui ; c'est le ciel qui me l'envoie !

Dutremblay, aussi à part :

— Lui ! Est-ce possible ? Lui, cet être infernal ! Ah ! mon Dieu ! quand je le croyais si bien....

Puis, s'adressant à Pierre, plus résolûment qu'on ne pouvait le supposer :

— Ah ! ça mais, monsieur je ne sais qui, je ne sais quoi, est-ce à moi que vous en voudriez encore? Prenez-y garde ! je finirai par vous dénoncer pour abus de poursuites illégales et intempestives !

— Dénoncez-moi pour tout ce que vous voudrez ; mais plus tard, répondit Pierre ; pour le moment, faisons la paix ; cela vous va-t-il ?

Pierre lui présenta sa main.

— Allons, j'y consens, dit Dutremblay en la prenant avec crainte, et cependant vaincu soudain par cette douceur de langage qui l'étonnait si fort, et lui faisait oublier les recommandations de Lucien, — je le veux bien ; mais à une condition, — celle qu'après vous avoir quitté, je ne vous reverrai de ma vie.

— Si vous tenez à la conserver, cette vie, écoutez-moi, monsieur Dutremblay, écoutez-moi bien ! Les instants sont précieux…, il faut donc vous hâter d'aller vous-même prévenir mademoiselle Fergues, afin de lui faire consentir à se rendre de suite, et seule, ici ; il faut absolument que je lui parle !

— Que me demandez-vous là, bonté divine ! Mais c'est impossible ! s'écria Daniel.

— Monsieur, il n'y a pas une minute à perdre !

— Mais, si l'ami Clairvalle… son frère,… Vous ne l'avez donc pas rencontré dans le jardin ?

— Au contraire, c'est que je l'ai vu…, et il doit être déjà loin ; voilà précisément ce qui m'a fait revenir en ce salon ; d'ailleurs, nulle barrière humaine ne m'aurait empêché de rentrer au château. Allez donc vite où je vous dis, et retrouvez après M. Fergues, pour que lui, ainsi que n'importe qui, n'interrompe l'entretien que j'espère.

— Ah ! monsieur l'inconnu, j'ai peine à imaginer ce que vous réclamez de votre serviteur.

— Si vous accomplissez fidèlement mes instructions, continua Pierre, peut-être vous ferai-je épouser mademoiselle Clairvalle.

— Mademoiselle Clairvalle !... Le pauvre homme est fou, se dit Daniel à voix basse.

— Je vous entends, monsieur ; vous dites que je suis fou, n'est-ce pas ? Eh bien ! on doit craindre les gens de mon espèce, et leur obéir alors sans hésiter ; autrement, je vous prédis un duel entre nous, un duel à mort, dans lequel vous risquez d'être embroché comme une mauviette.

Daniel, dans son épouvante à la fin de la phrase de Destang, s'empressa de répondre :

— J'y vais, monsieur, j'y vais !... Cependant, je ne vous promets pas.... vous savez, cela ne dépend pas tout à fait de ma bonne volonté, de pouvoir vous satisfaire. — Oh ! quel bal ! ajouta-t-il en prenant congé de Destang, quel bal ! O mes Lares, mes Lares ! pourquoi vous ai-je quittés aujourd'hui !

— « C'est-elle ! oui, c'est bien elle..., dit
« Pierre resté seul, et dans une extrême agita-

« tion ; elle que j'ai vue lors de mon change-
« ment de prison, je viens de la revoir avec son
« beau visage, sous un rayon de lune ; elle, le
« soutien, l'étoile consolatrice du malheureux
« détenu dans sa solitude amère et profonde !
« Elle enfin, mademoiselle Fergues, la fiancée
« de ce Paul Clairvalle !... A cette pensée, oh !
« je sens toute ma vengeance se ranimer avec
« ardeur !... »

Il écoute.

« Mais, il me semble l'entendre.... Daniel
« aurait-il donc déjà réussi ? O mon Dieu, mon
« Dieu ! que je te remercie !... »

XII

Pierre, en effet, ne s'était pas trompé ; c'était bien Julie qui entrait, et aux pieds de laquelle Pierre alla tomber à genoux.

— Que faites-vous, monsieur ?... dit-elle

avec une émotion visible, mêlée d'étonnement.

— Souvent, lui répliqua l'ex-prisonnier, je me suis prosterné devant le rêve de votre image; souffrez que devant sa réalité, il en soit ainsi une fois, la première et la dernière sans doute.

Il se releva.

— Que voulez-vous de moi, monsieur

— Oh! mademoiselle, laissez, de grâce, votre humble et reconnaissant serviteur enivrer ses regards de votre présence, avec la pureté du sentiment qui brûle en mon cœur depuis longtemps, sans pouvoir s'épancher ailleurs qu'au sein de mes prières ou de mon désespoir! Eh! quoi, c'est vous, ce bon ange sur la terre, que j'ai là devant les yeux, et pour lequel une adoration la plus respectueuse....

— Sachez, monsieur, interrompit la jeune fille, que je ne suis point venue pour entendre un pareil discours ; et vous oubliez....

— Ah! je le comprends, mademoiselle Julie; et il est de votre devoir de briser le flambeau de mes illusions insensées, cette lumière qui caresse encore de ses rayons bénis, les sombres douleurs de ma captivité finie; éteignez-en jusqu'à la moindre étincelle; oui; car je l'avoue, s'approcher trop de certaine lueur, n'est-ce point chercher à la voir disparaître entièrement?

— Si je ne me rappelais votre malheureux passé, reprit la sœur de Lucien, et encore que peut-être le destin fut injuste et cruel envers vous, j'aurais déjà, soyez-en sûr, quitté cette place.

— Ah! toujours angélique! Vous ne croyez pas à ma perversité, vous! Ah! merci, mille fois, pour ce baume qui adoucira les jours qui me restent ici-bas; que la terre s'entr'ouvre sous moi, à présent que j'ai revu celle qui vient de me le verser!

— Je ne puis m'empêcher de vous souhaiter un consolant bonheur au milieu de votre famille, de vos affections, reprit Julie.

— Ma famille! Hélas! mademoiselle, il me

restait mon père, que Dieu a rappelé à lui, lorsqu'on me priva de ma liberté....

— Votre père....

— Je le retrouverai bientôt, j'en ai l'espoir : je prie le ciel pour cela, puisque pour moi, il n'y a plus rien en ce monde ; et maintenant, mademoiselle, pardonnez à ma hardiesse d'avoir voulu vous entretenir un instant ; vous, si bonne, vous saurez me comprendre et m'absoudre. Je ne vous ai rien dit de blessant, n'est-il pas vrai ? Mais j'avais besoin, avant de rentrer dans cette autre prison — un cœur qui souffre seul ! — de prendre congé d'une idée folle, oh ! bien folle en vérité. Pardonnez-moi donc, je vous en supplie !

Pierre, comme on le voit, semblait avoir abandonné sa vengeance.

— Que ne puis-je faire quelque chose pour vous ! dit la future épouse de Paul, profondément émue.

— Oh ! n'ayez pas à mon égard cette douceur de langage, s'empressa de répondre Destang ; vous m'ôteriez le courage qui m'est si nécessaire pour m'éloigner de vous ; reprenez plutôt cette fierté que vous aviez en m'abordant.

— Ne vous méprenez pas, monsieur ; je ne suis point orgueilleuse envers vous ; seulement, je veux vous dire qu'à la veille de contracter des liens éternels....

— Oui, je sais.... Vous en êtes donc bien heureuse ?

— Bien heureuse ! fit Julie trahissant, malgré elle, cette assurance de conviction.

— Et, reprit Pierre, connaissez-vous bien cet homme auquel vous scellez votre vie pour toujours ?

— Sans doute ; mais vous, sauriez-vous donc quelque chose d'important qui le concernât ? Et vous avouerai-je que je n'ai consenti à me rendre auprès de vous que parce que j'espérais....

— Ah ! mademoiselle, que voulez-vous apprendre ? fit Destang avec une tristesse quelque peu révoltée.

— Un secret qui existe entre vous deux, et que je crains fatal pour mon fiancé.

— Oh! si je m'expliquais,—se dit Destang,—peut-être....

— Ah! monsieur, c'est à mon tour de vous supplier de toute mon âme.... Parlez!

— Eh bien.... Mais, avant de satisfaire à votre désir, permettez-moi, mademoiselle, de vous interroger aussi; vos paroles dicteront les miennes : répondez sans hésiter, comme devant Dieu qui nous entend tous! De quelle manière aimez-vous cet homme, votre futur mari?

— De toute la force de mes sentiments et de mes pensées! répliqua Julie.

Pierre garda un instant le silence; il souffrait visiblement.

— Ainsi donc, rompre ce projet de mariage, serait briser votre vie? dit-il.

— Oui, monsieur; devant Dieu qui m'entend.

— Elle en mourrait!... Tout est fini pour moi, se dit Pierre. — C'est bien, mademoiselle

Fergues ; tout à l'heure, devant vous tous, je m'expliquerai ; et je vous prie à l'avance de m'honorer d'une confiance douce à mon cœur.

— Ah ! merci de ces paroles qui remettent du calme en mon âme ! Vous êtes digne que je vous prouve en échange, que depuis ce malheureux temps pour vous.... Tenez, monsieur, le reconnaissez-vous ?

Elle lui montra le petit poignard en bois dont nous avons fait mention précédemment dans ce récit.

— Eh quoi ! vous avez bien voulu le conserver après avoir daigné l'accepter du pauvre détenu ! Oh ! mademoiselle, que de bien et de mal vous me faites à la fois !

— Oui, monsieur ; et même en y attachant quelque prix comme souvenir.

— Tout ceci m'accable néanmoins de découragement ; car, je sais que je n'ai droit, plus maintenant que jamais, qu'à quelque pitié, quelque intérêt de votre part ; toute autre chose étant réservée pour mon ami Clairvalle.

Il prononça le mot — ami — avec une grande amertume.

— Paul, votre ami! Ah! le ciel en soit loué!

— Laissez-moi donc, avant de repartir, et sans porter atteinte, ni au respect qui vous est si justement dû, ni à votre amour pour lui, laissez-moi, dis-je, dans un suprême regard, dans un dernier soupir, là où vous êtes, là où vous respirez le même air que moi, vous exprimer combien je vous ai aimée pendant une partie de ma triste existence, et combien je vous aimerai encore tant qu'un souffle me viendra de Dieu!

Fergues parut soudainement; et avec un ton et un geste impératifs :

— Mademoiselle Fergues, rentrez dans votre appartement.

Puis, s'adressant à Pierre Destang :

— Quant à nous deux, monsieur, voici le nôtre jusqu'à nouvel ordre.

— Prenez garde ! mon frère, dit Julie avant de sortir.

— Allez, ma sœur, allez ! ce n'est point une leçon que j'ai à recevoir ; c'en est une, au contraire, à donner. Laissez-nous.

Julie s'éloigna.

XIII

Pierre s'avança alors hardiment vers Lucien, et lui dit avec un sang-froid plein de dignité :

— Je comprends, monsieur, et j'accepte tous vos reproches, avant même qu'ils ne sortent de votre bouche.

— Tant mieux, monsieur ; cela m'évitera la peine de vous les adresser ; quant à des explications, vous concevez que c'est autre chose.

— Pas tout à fait.

— Qu'est-ce à dire ? observa vivement Lucien. Vous refuseriez-vous à des explications ?

— Oui, monsieur ; et je ne vous en donnerai qu'autant que cela me plaira de le faire.

— Peut-être! répliqua Fergues d'une voix significative.

— Je maintiens formellement ce que je viens d'avancer.

— J'avoue, monsieur l'inconnu, que si vous teniez un autre langage, il serait pleinement en désaccord avec toutes vos façons d'agir, étranges au dernier point.

— Rendez grâces à Dieu, que tout ce qui vous blesse et vous irrite avec quelque raison, j'en conviens, touche bientôt à sa fin.

— Je l'espère bien, dit Fergues.

— Et sans d'autre volonté que la mienne.

— En attendant, monsieur, comment vous justifierez-vous du moyen indigne que vous avez employé, de me faire retenir dans le parc, à l'aide de ce Daniel qui me menait partout où vous n'étiez pas? Il m'a enfin tout avoué; aussi, pour récompense de tels bons offices, je l'ai enfermé dans le cabinet des armes.

— Il en mourra de peur, fit Pierre à part avec un bien léger sourire.

— Eh quoi! vous continuez à vous taire? reprit Lucien.

— C'est qu'apparemment, répondit Pierre sans s'émouvoir, j'avais à parler à mademoiselle Fergues, et que je voulais que nul, autant que possible, n'entendît notre conversation.

— Peu m'importe qu'on sache la nôtre, riposta Lucien avec emportement; et je vous préviens que si vous demeurez sur le même ton, je ne m'arrêterai pas à une provocation que je commence à regarder comme inutile; je vous chasserai tout simplement par la fenêtre!

— Plus de mesure et de convenance, monsieur Fergues, dit Pierre avec raillerie et la plus impassible tranquillité.

— Je vous rends responsable de tout.

— D'un mot, je pourrais vous imposer silence, reprit Destang.

— J'attends ce mot.

— J'en suis fâché, mais il n'arrivera pas.

— Nous savons ce que cela signifie, répondit dédaigneusement Lucien.

— Non, vous ne le savez pas...., mais je vais vous le dire : cela signifie que lorsqu'un homme a pris une détermination qui peut parer à de grands malheurs, il doit refouler en lui tout sentiment d'amour-propre, et faire fi de certaines boutades si souvent mortes aussitôt qu'elles sont nées : voilà ce que cela signifie !

— Mais enfin, monsieur, quels sont donc ces malheurs ? Et d'abord, qui êtes-vous ? Votre nom, vous qui régnez depuis quelques instants parmi nous, comme un mauvais génie ?

— Demandez-le à votre futur beau-frère ; il le connaît parfaitement, lui.

— Je m'adresserai de préférence à mademoiselle Clairvalle ; car c'est une condition obligée pour un prétendant, n'est-ce pas vrai, monsieur, de déclarer au moins comment se nomme ce prétendant à la main de mademoiselle Marie ? Songeriez-vous toujours à l'épouser ?

— Peut-être, répondit Pierre.

— Eh bien, monsieur, je me regarde comme positivement insulté par cette réponse, continua

Lucien; et comme mademoiselle Clairvalle mérite, à tous égards, qu'on verse son sang pour elle, j'aurai le vôtre, ou vous aurez l'honneur de prendre le mien jusqu'à la dernière goutte; car, je le répète, vous m'avez insulté, et vous ne pouvez sans honte vous refuser à comprendre, de même que moi, que notre place n'est plus ici! Sortons, monsieur, sortons!

Clairvalle interrompit les deux interlocuteurs par sa brusque apparition; puis aussitôt, il se mit à dire à son futur beau-frère :

— Lucien, vous allez d'abord servir de témoin à monsieur et à moi; j'ai été offensé avant vous.

Pierre s'avança tout près de son ancien ami, auquel il répondit à demi-voix :

— C'est inutile!

Clairvalle fut effrayé de ces paroles, qui lui paraissaient comme un avertissement que tout ce qu'il redoutait était découvert; il n'en reprit pas moins :

— Fergues, vous m'avez entendu!

— Parfaitement, mon frère; je consens à ce

que vous me demandez, à charge de revanche; cela va de soi-même.

Pierre regarda alternativement Lucien et Paul; au premier, il dit :

— Si Dieu le permet; — au second : — Quant à moi, je prétends vous avoir tous deux comme témoins dans une affaire d'un autre genre que celle qui nous occupe à présent et qu'on appelle, je crois, une rencontre.

— Que voulez-vous dire? fit Paul au dernier degré de l'inquiétude.

— Il veut dire, observa Fergues bouillant d'impatience, que notre situation à tous est intolérable, qu'il faut en terminer d'une manière ou d'une autre... et cela à l'instant même!

— Il le faut, ajouta Paul faiblement.

— C'est entièrement mon avis, dit Pierre à son tour; seulement, pour cela, il nous manque...

On entendit alors retentir un coup de feu, suivi de l'entrée immédiate d'un domestique, auquel Fergues ordonna d'aller au cabinet des armes, où se trouvait Daniel.

XIV

Le bruit de cette détonation, on le conçoit aisément, fit accourir mesdemoiselles Clairvalle et Fergues; elles arrivèrent donc précipitamment toutes deux, se plaçant chacune près de son frère, et avec le plus grand effroi :

— Lucien!

— Mon frère!

Telles furent leurs exclamations.

— Ce n'est pourtant pas un duel, ajouta Julie toute tremblante, puisque...

Elle regarda l'un après l'autre Paul, Lucien et Pierre :

— Mais, de grâce, répondez-nous!

Marie aussi était atterrée.

Pierre reflétait, sur son noble visage, toute la grave importance de ce qu'il allait annoncer :

— Rassurez-vous, mesdemoiselles! dit-il;

mademoiselle Fergues m'avait accordé l'insigne honneur de vouloir bien échanger avec moi quelques paroles; en raison d'un souvenir bien innocent pour elle, je le jure! M. Fergues, son frère, a décidé que l'entretien ne devait pas avoir lieu; soit! Mais à présent que nous sommes tous réunis, maintenant que chacun le désire ardemment sans doute, je vais parler, lorsque toutefois chacun tiendra la place qu'il sera, je le pense, heureux d'occuper.

Allant à Marie et lui prenant la main :

— Venez, mademoiselle Marie Clairvalle...

A demi-voix :

— Vous êtes, je le sais, une noble créature!

Il la conduisit à la droite de Fergues.

— Qu'est-ce que cela? dit ce dernier étonné ainsi que tous.

Pierre alla ensuite à mademoiselle Fergues, en lui prenant aussi la main comme à Marie :

— A votre tour, mademoiselle!

Puis, pareillement à demi-voix :

— Oh! qu'il faut que je vous aime!

Il la plaça à la gauche de Clairvalle.

Pierre alors s'exprima ainsi ; son émotion était grande, sa résolution ne l'était pas moins :

— Pardonnez-moi ma venue parmi vous ; mais, voyez-vous, privé de ma liberté...

Il regarda Paul.

— Oui... pour une erreur de jeunesse. Ayant perdu plus tard le seul être qui m'aimât sur la terre, ma raison, par instants, m'abandonne ; je me suis trouvé dans un de ces moments-là en arrivant au château de Clairvalle, dont je connus autrefois le maître ici présent. Alors, je me suis imaginé posséder un secret contre lui et qui pouvait attaquer son honneur. Mais heureusement que j'ai aussi des heures lucides... n'est-ce pas, monsieur Paul ?

S'étant approché de ce dernier, il lui dit particulièrement :

— Ce n'est que pour elle ! entendez vous bien ? ce n'est que pour elle !

— Oh ! mes remords, mes remords ! se dit Clairvalle.

— Ce n'est pas tout, continua Pierre en s'adressant de nouveau à toute l'assemblée : la chose la plus étrange, c'est qu'il me semble que ma folie allait jusqu'à prétendre à la main de mademoiselle Marie... — A présent, je l'espère, M. Lucien voudra bien admettre ces explications.

— S'il en est ainsi, — certainement, de tout mon cœur, répliqua Lucien. —

La scène qui précède, et pendant laquelle les deux sœurs et amies restèrent muettes d'admiration et de reconnaissance aux paroles de ce pauvre Pierre, cette scène, disons-nous, fut interrompue et perdit un instant de sa gravité solennelle, à cause de Dutremblay, qui venait se réunir à l'assistance entière ; il se traînait avec peine, avait son faux-toupet enlevé et ses lunettes perdues ; finalement, il était presque méconnaissable. Nous ne rapporterons pas le discours qu'il fit en entrant, et duquel la plainte débordait ; seulement, qu'on sache qu'il s'était échappé de sa prison par la fenêtre, d'où il était tombé après avoir involontairement fait partir un fusil. Il lança des yeux et des grimaces horribles à Pierre (il se sentait *fort de monde*, comme il aurait dit), et lui cria :

— Eh! monsieur! votre nom, s'il vous plaît? A-t-il enfin dit son nom, ce gaillard-là?

— Pas encore, reprit Pierre; mais personne ne l'attendra plus davantage.

Il y eut une grande attention.

— Je me nomme, dit-il, Pierre Destang, le détenu libéré!

— Le généreux, le noble! dit Clairvalle à part.

— Ah! quelle horreur! s'écria Daniel.

— Vous avez raison, monsieur; oui, quelle horreur! continua Destang; aussi, ce qui me reste à dire ne vous regarde-t-il pas. Oui,—Pierre Destang,—qui souhaite de toute son âme un véritable bonheur à la double et prochaine union qu'il a devant les yeux; il s'éloigne pour toujours, en priant les futurs époux, s'ils apprenaient par hasard que dans un de ses accès d'aliénation mentale, Pierre se fût fait mourir, qu'ils veuillent bien se dire entre eux, et pour le repos d'une tombe, ces simples mots : — Que Dieu le reçoive ! car, malgré la *folie* de cet homme, — Pierre était un ami.

A quelque temps de là, on retirait de la Seine un cadavre : entre autres choses, on trouva sur lui un petit portefeuille, où les lignes suivantes étaient tracées très-lisiblement :

« Je pars, mon père ! Je serai presque aussi-
« tôt arrivé que parti ; j'ai hâte de te rejoindre
« et de demander à Dieu s'il pardonne un sui-
« cide, lorsque, sur la terre, nous ne laissons
« personne qui ait besoin de nous. »

Ces lignes étaient signées : P. D.

XII

PASSÉ, PRÉSENT, FUTUR

∿∿∿

C'est une grande chose à dire, que la *Guerre*,
Car elle a son destin, son éclat, son mystère...
C'est un géant affreux aux superbes horreurs
Qui fait trembler le monde et palpiter les cœurs.
C'est l'effroi des maisons et de la mère en larmes,
Que ce cri répété : « Patriotes, aux armes !

« Le pays vous attend au glorieux sentier,
« Et vous le prendrez tous à l'ombre du laurier !
« Ne songez plus aux mots si doux de la famille,
« Un drapeau s'est levé sur l'horizon qui brille...
« Marchez, soldats, marchez !... Vous êtes déjà grands,
« Puisque du nom français vous êtes les enfants. »

. . . .

Depuis longtemps déjà, la patrie était morte
Au bruit du feu de poudre..., au canon qui le porte.
L'honneur national dormait d'un lourd sommeil
Qu'on avait accepté comme un voile au soleil ;
Paix à tout prix, fardeau qu'un homme très-*habile*
Faisait léger pour ceux dont l'esprit froid, débile,
Se souciait fort peu des aigles d'autrefois,
Qui becquetaient partout la couronne des rois.
La crasse des écus, ce fruit d'or de l'avare,
Reluisait ou sonnait chaque jour la fanfare
D'un peu plus d'égoïsme ou de corruption...
Tels étaient les soldats sans cesse en faction
Pour garder ou défendre, au péril de leurs veines,
Le meilleur du sang *juif*, caisses et poches pleines

. . . .

Si les boulets chômaient dans tous nos arsenaux,
Avant *Quarante-huit,* nous avions des journaux,
Qui suffisaient à peine à marquer la mitraille
Qui se débitait, rude, en un champ de bataille
Où les lutteurs donnaient, par de superbes mots,
De l'oreille aux plus sourds, — des idées aux plus sots ; —
C'était un cliquetis d'armes de fantaisie,
Éblouissant de lustre, — imitant l'énergie ;
Miroir tantôt limpide et tantôt maculé,
Langage magnifique, ou quelquefois hurlé,
— Tumulte inconvenant, — religieux silence. —
Les passions entraient trop dans cette balance, —
Où le calme aurait dû, majestueusement,
Sans nuire à l'orateur, être un enseignement,
Pour qu'on ne pût pas dire, en écoutant la Chambre :
— Qui revêt donc la loi ? — Des valets d'antichambre.

. . . .

La poussière planait aux célèbres discours,
(Poussière d'or vraiment) ; mais enfin, de nos jours,

Qui ne sent pas peser la cruelle massue
De l'oubli, ce fantôme invisible et qui tue,
Sur tant de grands efforts ou d'éclats de l'esprit,
Bien souvent attristé de ces deux mots : (*On rit :*)
En résumé, voilà ce qu'indiquait la France :
Le Néant au dehors, — au dedans, la Jactance. —
Un trône entre cela, pouvait-il se tenir?...
Mais avant de se rompre il devait se ternir.
Tout se minait alors, tout s'affaissait dans l'ombre...
Si les yeux souriaient, la pensée était sombre...
On sentait quelque chose en la rue, au palais,
Comme un fou qui s'endort et reprend un accès,
Sans nul frein cette fois, car le sommeil repose
Et fait naître un élan qui brise ou fer ou rose...
Février s'approchait, et, sans être annoncé,
Le sourd se mit à battre... *Et tout fut effacé !*

. . . .

Au milieu du chaos des affaires croulantes,
Le Peuple était debout... ses paroles brûlantes
Criaient toujours ceci : « Homme ! sois noble et grand ;
« Respecte le vieillard, la femme et son enfant !
« Point de pillage, amis !... et pas d'actions lâches !...
« Sur le sang répandu ne faisons point de taches...

« Et si quelque Vandale arrivait parmi nous,
« Qu'il s'éloigne en lépreux... nous le repoussons tous !
« Nous ne souffrirons pas qu'on dise dans l'histoire :
« Ils étaient tous d'accord pour souiller leur victoire !
« Frapper, anéantir... Le temps ! l'Art outragé !
« Non, ce n'est point ainsi qu'on se trouve vengé,
« Mais plutôt, par ces mots d'exemple qu'on déroule :
« A l'échafaud du Peuple un Trône tombe et croule !...»

. . . .

C'est malheureux, hélas ! que de chaleureux cœurs,
Aux instincts généreux, mais aux pensers rêveurs,
Montrent un fond de ciel au cadre de la terre,
Promettent la richesse, suppriment la misère ;
Tout déborde en leur âme et rien ne peut manquer :...
La face du *Présent* ne peut plus se masquer...
L'enthousiasme est là, qui leur fait perdre haleine,
Et le sillon du beau ne trace plus de peine !
Affectueux grands cœurs, infortunés esprits,
Quand le *Réveil* vous vient, n'en soyez point surpris ;
Vous avez trop bercé d'espérance impossible
Ceux dont la haine vit, implacable, impassible...
Honneur, malheur à vous ! car l'ingrat vous a fait,
Pour votre récompense, un crime d'un bienfait.

Allez en paix, allez, et jusque dans la tombe
Vous aurez des clartés de lumineuses tombes.

. . . .

Que dire qu'on ne sache, — et de ces charlatans
Qui songeaient aux trésors pour se vautrer dedans, —
Et de ces nullités qui demandaient l'*Etoile*,
Lorsqu'ils n'avaient joué que derrière la toile ?
Pitié pour eux, pitié ! Roue inutile au char,
Il faut en rire, hélas ! comme d'un cauchemar ;
Rayons ces *braves* gens, tout en signant leur *feuille*
Pour marcher vers l'oubli !... Prions Dieu qu'il le veuille !
Que la Force et le Droit, de leurs puissantes mains,
Aient la protection du Géant pour les Nains.

. . . .

Nous touchions derechef à cette république,
Ce fruit constamment *vert* pour la bouche publique ;
Nouvel essai tombé de l'arbre de l'Espoir,
Comme un *poisson d'avril* pris au grand réservoir...
Amusement d'un jour à la nouvelle année,
Jouet pour les enfants, rose bientôt fanée... —

Pourquoi ?—Parce qu'il faut, avant tout, UN VRAI BRAS,
Travaillant sans se plaindre, et qui NE PRENNE PAS ;
Soutenant son semblable et n'enviant au monde
Que de veiller en frère à la *Machine ronde*,
Pour qu'elle tourne à bien dans un centre voulu,
Permis par la Raison, sans l'Egal absolu.

. . . .

Alors, quelques instants, vécut la Présidence
D'un homme au nom célèbre, acclamé par la France ;
Mais cet homme, à la fin, las de vaines clameurs,
Sans la Stabilité, qui disait : — Je me meurs, —
Cet homme, disons-nous, prit une rêne ferme,
Et brida les Méchants que le pays renferme,
Pour, plus tard, envers eux, être le plus clément,
Et mieux asseoir ainsi tout son gouvernement.
Les Bons furent sauvés, rassurés... Sa Justice
Etendit son regard, et profond et propice,
Regard qui fit comprendre à notre nation
Qu'un Destin attendait dans une élection,
L'évènement complet d'un sérieux empire
Qui brisât à jamais le règne de vampire
Qu'on nomme inquiétude ou fièvre d'un pays,
Ne sachant ce qu'il a dans ses vœux désunis,

Spectre toujours errant de l'ombre à la lumière,
Visitant, effrayant la ville et la chaumière !
Oui, ce vampire-là, il fallait l'arrêter,
L'adoucir fermement, sans trop le maltraiter ;
C'est ce que fit un jour un homme de génie,
Par ces mots : *Citoyens, ma Mère est la Patrie !*

. . . .

Le neveu du PREMIER, je l'avais méconnu ;
Mais de ce triste écart je suis bien revenu.
Il me pardonnera comme un grand cœur pardonne,
Comme fera toujours une auguste personne.
Honteux, autant que fier, d'avouer mon erreur,
Ma franchise n'est point parente de la peur ;
Jamais je ne voudrai grossir un certain nombre : —
Ceux qui nient le soleil, et qui ne sont qu'une ombre.

. . . .

La Guerre s'est montrée ardente à l'univers...
Salut à son départ, sans craindre ses revers !
La France, ses alliés, possèdent la bravoure,
Et reviennent de lieux que la victoire entoure...
Paix à tous les soldats morts à Sébastopol !
Vers un autre avenir, l'aigle a repris son vol...

L'ENFANT DE FRANCE est né !... C'est par lui qu'à la face,
L'Anarchie a reçu son dernier coup de grâce.

— Mai 1856. —

XIII

LE SILENCE

Le Silence — doux bruit venant redire à l'âme :
« Enivre-toi d'amour ou prie avec ferveur !...
« Fais monter vers le Ciel tes accents pour la Femme :
« Prier ! aimer ! Je parle à ces deux voix du Cœur. »

XIV

L'AVENIR

∾∾∾

Pour l'Enfant, l'Avenir est une grande route,
Unie en commençant, parfois rude à la fin;
Au milieu quelques fleurs, brillant parmi le doute,
(La soie et le duvet où se glisse le crin.)

Pourtant on veut plonger en cette *glace* immense,
Si facile à briser, malgré son épaisseur;
Qu'importe son abîme?... On regarde, on s'avance
Pour tâcher d'y puiser ce qu'on nomme Bonheur.

La Fiancée, aux yeux qu'aucun trouble ne change,
Dit sa prière et croit.... Chère femme du Ciel !
Eh bien! oui, que ton rêve ait la douceur de l'ange....
Qu'il aille te bercer jusque dans ton sommeil.

Réjouis ta pensée à ces douleurs de mère,
Les souffrances donnant le jour à ton enfant,
Et dont la plus poignante est celle moins amère,
Lorsqu'elle amène après, ces mots : — Il est vivant!

Mais, sais-tu l'avenir?... Dans un instant peut-être,
Tu n'auras plus en toi que regrets superflus....
Car tu te débattras en vain contre le traître.
L'enfant de ton amour ne palpitera plus !...

L'ambitieux sourit à ses écus qu'il compte,
Il est tout haletant au son du *vil* métal,
Et n'imaginant pas pour demain un mécompte,
Excepté pour lui seul, il désire le mal.

Le Sage estime fort sa conscience nette,
Il se drape, il se pose ainsi qu'un grand vainqueur....
Que l'Occasion frappe un coup de sa baguette,
N'apercevra-t-on pas une tache en son cœur?

De même un conquérant, sous le feu de la Gloire,
Se flatte de tenir le monde dans sa main....
Mais tout à coup, il voit le dos de la Victoire,
Et redevient alors aussi petit qu'un nain.

L'AVENIR, mot fait d'air, que chacun ose dire,
(A l'aide de l'Espoir) qui, répété, soutient....
Il ne faut jamais trop lui voter un sourire....
L'Avenir n'est qu'un mort, qui, *s'étendant, revient.*

XV

A BÉRANGER

Poëte-chansonnier, illustrissime gloire,
Dans ton genre et ton cœur, — à toi, justes tributs !
Mais, hélas ! — de Chacun, — telle est la pauvre histoire,
Qu'on vous chante surtout, quand vous ne *chantez* plus.

XVI

DORMIR EST BON

∿∿∿

Dormir!... de ce repos de douce somnolence
    Qui nous baise le cœur ;
Qui fait revoir les feux de notre adolescence,
    A la rose vapeur.

Dormir ! de ce sommeil qui rêve, qui transporte
Vers les Illusions;
A la croyance en tout.... à l'amour qui nous porte
Aux bénédictions.

Des ailes embaumées nous apportent l'extase
Aux mille et un contours,
Enveloppés d'azur recouvert d'une gaze
Aux diaphanes jours.

Ici, c'est une image et gracieuse et blanche
Qui nous effleure un peu....
Et qui, nous touchant plus, sur notre bouche épanche
Un sourire de Dieu !...

Mais, là, c'est un tombeau, qui, d'un silence sombre,
Passe à l'état vivant;
Car soudain il s'entr'ouvre...., et, de son marbre, une ombre
Se lève en nous parlant....

Ombre chère ou maudite, elle semble nous dire
Les mystères d'en haut;
Si nous avons raison de pleurer ou de rire
Ou trop tard ou trop tôt.

Cette ombre nous réveille, hélas!.. alors, arrive
    La fin de notre air pur;
Nous sommes attristés.... nous heurtons à la rive
    De ce port si peu sûr,

La Vie!... — Et chacun veut sa part de ce fantôme
    Qui brille pour les uns;
Qui, pour les autres, noir, et se ruant sur l'homme
    Lui prend tous ses parfums.

. . . .

Oh! oui, *Sommeil* est bon, surtout quand il fait naître
    DÉSIR en notre cœur,
Ce roi de l'Infini, le véritable maître
    Du plaisir, du bonheur.

XVII

AU PORTRAIT DE QUELQU'UN MORT

∽∽∽

On te parle, on s'écrie.... et tu ne réponds pas....
    Tu navres de tristesse !
Marbre froid de la Tombe, — image du Trépas,
    Tu tortures sans cesse....

Fuis plutôt les regards.... disparais, disparais,
Reste d'homme ou de femme....
Alors le désespoir, les larmes, les regrets,
Glaceront moins notre âme!...

∽∽∽

Vérité.

Un jour, l'Amour disait en riant, à l'Estime :
Pauvre vieille au grand front, je me moque de toi!
Elle lui répondit : — Ta profondeur intime,
Sache-le, petit fou, ne peut vivre sans moi.

∽∽∽

Est-ce vrai?..

Jalousie! ô serpent, toi qui t'ébats horrible,
Qui mords un cœur épris..... étouffe donc ce cœur !
Car, la mort sans l'Amour serait bien moins terrible....
Et cesser de souffrir, n'est-ce pas le bonheur ?

Mais au lieu de cela, tu dis : — Qu'il vive ! — et serres
Dans des replis d'espoir qui viennent dominer....
Tu veux qu'il te combatte, et toujours tu t'enferres
Dans un ardent réseau que tu sais raffiner.

~~~

A l'Orgueil.

Ver qui ronge le Cœur, ô pensée emphatique,
Sécheresse d'esprit, toi qu'on nomme l'ORGUEIL,
Toi qui détruis l'élan et noble et sympathique,
De tout sentiment doux, tu te fais le cercueil !...

~~~

L'espérance dans la tristesse.

Quand l'âme du printemps ne touche plus notre âme
    De doux tressaillements,
C'est que nous n'aimons plus ; c'est que s'éteint la flamme
    De nos vifs battements.

Où donc tout retrouver ?... Cette brûlante vie ?
Et ce souffle de miel ?...
Cette sensation palpitante et ravie ?...
Dans le ciel, dans le ciel !

Enfant et Mère.

— On n'existe donc plus quand on vous mène en terre ?
Disait naïvement un jeune ange au teint frais :
— On existe bien mieux, lui répondit sa mère,
Car, on va près de Dieu qui ne finit jamais.

A l'herbe qui répond.

Pourquoi viens-tu si bien sur la tombe muette,
Avec ton vert d'Espoir ?
Quand cette affreuse tombe, à des pleurs, ne rejette
Qu'un sombre désespoir ?

C'est que par ma couleur je calme la souffrance....
Consoler, c'est verdir;
C'est que je prie autour d'un éternel silence....
Et prier, c'est grandir !

∽∽

Question et Réflexion.

Tu chantes, Rossignol.... tes amours vont donc bien ?
Peut-être, n'est-ce pas ? Car souvent le Cœur saigne
Quand il nous faut chanter !— C'est le Chagrin qui *daigne*
Nous faire plus souffrir en nous *serrant* la main.

∽∽

XVIII

QUARANTE A SEIZE

FICTION

∼∼∼

« Pardonne, ô douce fleur, si je te fais trop d'ombre,
  « Et si je fais pleurer
« Ton suave regard que parfois je rends sombre
  « Au lieu de le baiser....

« Quand tu veux bien venir de ton parfum si tendre,
  « Embaumer tout mon cœur,
« L'empêcher, par ton feu, qu'il devienne une cendre,
  « Lui donner du bonheur....

« Oui, pardon, oh ! pardon ! j'ai la tête perdue,
  « Lorsqu'au ciel de ta voix,
« J'apporte des accents de tristesse éperdue,
  « Sans pitié quelquefois....

« Sans voir que tes genoux me demandent ta grâce....
  « Quelle grâce, mon Dieu !
« Pourquoi?... Que m'as-tu fait pour prendre cette place
  « Qu'on ne doit qu'en saint lieu?...

« Et qui le comprendra?... Je te hais et t'adore,
  « Méchant, ivre d'amour ;
« Ah ! je suis malheureux, je te le dis encore,
  « Je souffre chaque jour....

« Oui, des douleurs d'Enfer.... puis, la mélancolie
  « M'apporte un autre mal
« Non moins affreux, non moins mélangé d'une lie,
  « D'un poison sans égal !

. . . .

« Quoi ! lorsqu'un bras de neige et de rose charmante
    « Veut s'appuyer sur moi,...
« Alors, comme au contact d'une tête mordante
    « Je fuis avec effroi.

« Je fuis ta main mignonne et de blancheur royale,
    « Son amoureux effort ;
« Je la repousse ainsi qu'une main sépulcrale
    « Qui conduirait la Mort.

« Tes cheveux, sur les miens, sont un marbre d'ébène,
    « Souple et brillant roseau,
« Dont je crois ressentir la frissonnante haleine
    « Comme au fond d'un tombeau !

« Et ta bouche, ô ma fleur, ou plutôt, ton calice
    « Tout de perles rempli,
« Il me semble le voir, du bord d'un précipice.
    « Sortir le mot : Oubli.

« Oubli !... Serait-ce vrai ? Squelette horrible à l'âme,
    « Et d'aspect effrayant....
« Hiver sans fin, terrible, et sans la moindre flamme....
    « Silence torturant....

Ah ! oui, voilà, cher ange, oui, voilà le mystère
  De mes sombres éclats,
Lorsque je pense, hélas ! que, vieilli sur la terre,
  Tu me remplaceras.

« Mais, viens un jour, oh ! viens...., au jour où chacun tombe
  « Pour qu'il soit enfermé,
« Oui, viens te souvenir, pour réjouir ma tombe,
  « Que tu m'as bien aimé ! »

XIX

A LA VIEILLESSE

∽∽∽

Lorsqu'on n'a plus le droit de dire à la Jeunesse :
— Moi je suis votre égal ; — Je suis autant que vous ; —
Il faut jeter, hélas ! le cri de la détresse....
Chercher déjà la Tombe, et se mettre à genoux !

Car tout vous dit : La mort! (Le Soleil et la Feuille,
Le Soleil toujours chaud, la Feuille revenant....)
Et lorsque vous tenez une fleur qui s'effeuille,
Vous touchez votre image, et vous allez pleurant :

Pleurant si vous aimez, pleurant si l'on vous aime,
A supposer qu'un cœur brille encore à vos yeux....
Vos yeux de qui la flamme est l'ombre d'elle-même,
Ombre dont le regard doit se porter aux Cieux.

. . . .

Là, vous avez passé!... passe à ton tour, oui, passe,
Jeune homme, jeune fille, aux rires doux et frais....
Bientôt ta vie aussi redira : « Je suis lasse,
Et veux m'étendre aux pieds d'un if ou d'un cyprès. »

XX

Etant à une fenêtre, le 14 août 1859, — Paris

DÉDIÉE

A L'EMPEREUR DES FRANÇAIS [1]

∿∿

Avant que le soleil ait brillé dans l'espace
Une foule est levée en immense géant ;
De partout elle accourt.... elle veut prendre place....
Et lorsqu'elle l'a prise, elle a son œil béant.

[1] Pour cette pièce envoyée, l'auteur a eu l'honneur de recevoir une réponse de la Maison de S. M. l'Empereur.

Noble instinct d'un grand peuple acclamé par les autres,
Jamais mieux ton essor ne sut se diriger :
Vois ! canons et drapeaux pris, conquis par les nôtres,
Par des frères vainqueurs sans vouloir se venger.

Mais hélas ! il nous faut pleurer, comme sourire
A cette armée en fête, à tous ces cœurs présents ;
Regardons ce spectacle, impossible à décrire,....
Mais n'oublions pas ceux qui manquent dans les rangs.

Venez, vaillants soldats, retrouver votre mère ; —
Celle que vous quittez — la Gloire — a bien des maux ;
Si ses baisers sont doux, sa voix est trop amère,
Car il vient toujours du sang et des tombeaux.

Passez, braves, passez ! notre âme vous salue !
Notre âme vous admire au repos comme au feu :
Vous tous, vous ressemblez aux aigles dans la nue,
Avec votre Empereur, — Paris, la France et Dieu !

. . . .

Il fallait un *bouquet* d'odeur majestueuse....
L'amnistie a paru.... regards calmes, cléments,
Pour dire aux égarés : « Rentrez, je suis heureuse,
« Je vous ouvre la porte, oui, grâce, mes enfants. »

Proscrits, montez alors à la plus haute cime
De la reconnaissance, — et que dès aujourd'hui,
Votre front soit courbé devant l'œuvre sublime
Du cœur si généreux qui vous rappelle à lui.

XXI

AU GRAND POÈTE VICTOR HUGO

∿

Pourquoi ne viens-tu pas retrouver ta famille,
Ton public, tes lecteurs, où toujours ton nom brille ?
Ne sais-tu pas, Génie au grandiose front,
Qu'un air pur à sentir efface tout affront ?
Que l'amnistie a fait, de sa voix indulgente,
Aux nobles et grands cœurs, une marque éloquente ?
N'aimes-tu plus la France, ô poète français ?
Non, tu ne l'aimes plus, — autrement tu viendrais !

∿

XXII

L'ÉGLISE DE VILLAGE

∿∿

Que j'aime à voir l'église avec sa pauvre chaire,
Avec ses bancs de bois, ses cierges en fer blanc,
Un simple bénitier, — enfin la chose austère,
Faux argent et faux or, mais, au milieu, cœur franc.

Que j'aime à voir, aussi, la corde dans l'église
Allant trouver la cloche et la faire sonner !
A ses humbles accents, l'âme se sent éprise
Pour mieux bénir le Ciel, prier et pardonner.

Eh ! oui, nous l'avouons, à notre sens, l'Hostie
Se prend plus saintement sur un linge grossier ;
Arrière la dentelle, arrière broderie
Qui parle aux yeux d'abord, et qu'on ose envier.

Ce tabernacle en pierre, et puis, ces croix modestes
Sont un emblème pur du Dieu compatissant....
Ces couronnes de fleurs venant de lieux agrestes
Sont mieux le vrai parfum de vie et de néant.

Il n'est pas jusqu'au seuil de la porte d'entrée
Qui ne sourie au cœur par son aspect usé,
Par ses fentes montrant l'herbe verte et fanée
Sous les rustiques pas du pied qui l'a creusé.

Puis, parmi tout cela, ne voit-on pas le prêtre
Qui, la soutane vieille ainsi que ses cheveux,
Fervent, agenouillé, ne laisse rien paraître
Que les élans muets du bon religieux ?

Il aurait pu partir, quitter son presbytère
Où souvent il reçut la proposition
D'un plus riche avenir.... — Mais cet excellent père
Répond que sa paroisse est son ambition ;

Que ses pauvres, ici, sont des pauvres qu'il aime,
Qu'il aide avec bonheur, et depuis si longtemps,
Qu'il semblerait alors, qu'ailleurs faire de même,
Ce serait bien aussi, mais plus pour ses enfants.

Nous généralisons, certes, dans nos paroles ;
Nous ne voulons pas dire aux prêtres du hameau :
Le Pauvre n'aurait rien, si n'étaient vos oboles,
Et louange exclusive au pays de l'ormeau.

Mais l'ostentation, mais cette mise en scène,
Ces décors de spectacle, enfin la vanité, —
Semblent être une fausse et misérable chaîne —
Pour relier la Terre avec l'Éternité.

Oui, nous le répétons, ces richesses du monde
Jonchant certains autels, ne sont que de l'hébreu
Pour le divin séjour, — dérision profonde.... —
L'Église de village est le vrai mot à Dieu.

XXIII

UN CRIME D'ENFER

Mort de Monseigneur l'Archevêque de Paris

(3 janvier 1857)

∽∽

Un attentat sanglant vient de rougir Paris.
La Stupéfaction a remplacé les ris...

Un poignard bondissant de sauvage énergie,
A tranché tout à coup le fil pur d'une vie...

Et de qui ce poignard?... D'un ministre de Dieu!
D'un prêtre!... Oui, c'est un prêtre accourant en ce lieu
Que bénissait de mots un prélat vénérable;
Il était adoré, ce prélat adorable
Allant prier la Sainte au regard protecteur
S'étendant sur la France en partant de son cœur.

Paris et sa patronne ont frémi face à face,
Tout confondus d'horreur par l'infernale audace
D'un VERGER qu'on entend dire, terrifiant,
« *J'étais sûr de mon coup!...* »
                                O sang-froid effrayant!

Oui, tu t'es fait un jeu, sortant d'un sombre abîme,
D'espérer *enrichir* les annales du Crime.
La Haine arma ton bras assassin — Interdit!
Et tu franchis l'espace, et tu frappas... Maudit!
Oh! tu justifias la prudente justice
Qui voulait t'arrêter au bord du précipice...
Mais, le Destin plus fort, il fallut y rouler,
Le Destin était là! Des cœurs à désoler,
De parents et d'amis; un sacrilège outrage
A la Religion... Voilà donc ton ouvrage!

Et la foule indignée, odieux meurtrier,

Par respect du saint lieu, te laissa vivre entier,
Tandis qu'elle aurait pu, dû (peut-être) te rendre
Pour le sang précieux que tu venais de prendre,
La mort pour ton forfait, sur ce même carreau
Où tu t'étais conduit en si cruel bourreau !...

Mais quatre murs épais serrent ta conscience
En attendant ton heure... et là-haut ta présence...
Dieu te demandera compte d'une action
Pour laquelle on ne peut présumer de pardon ;
Dieu, malgré sa bonté, se montrera sévère,
Il aime ses enfants, et punit... en vrai père.

Tremble donc, grand Pécheur ; tu t'es ensanglanté,
Quand tu devais fléchir devant la charité !

Charité, don du ciel, que pratiquait sans cesse
Pour Tous, même pour toi, cette noble vieillesse
Qui s'affaissa mourante au coup du criminel,
Pour ne plus respirer qu'au sein de l'Éternel !

Et qu'on ne dise pas que tu perdis la tête,
Non, tu calculas tout... ta cruauté fit fête...
Tu saisis le moment favorable... et soudain
Un poignard monstrueux s'élança de ta main.

. . . .

Justice sera faite; il le faut... et le prêtre
Indulgent et soumis, enfin tel qu'il doit être,
Le ministre humble et bon ne sortira que mieux
De cette tache infâme, en soleil radieux.

. . . .

Verger, tu ne fus point guidé par la folie,
Non ! ta raison paraît loin d'être ensevelie ;
Qu'on ne s'y trompe pas, du moins quant au présent
Qui réclame un exemple, un juste châtiment.
Que la loi s'accomplisse, indispensable, triste,
Et qu'un nom soit de plus à la terrible liste...

La Religion dit, en solennels accords,
« Ne perdez pas mon âme en conservant mon corps ! »

. . . .

L'échafaud s'est dressé... le glaive a fait main basse
  Sur le Crime et l'Orgueil...
Et maintenant, Verger obtiendra-t-il sa grâce
  Du ciel, pour ce grand deuil ?

∿∿

XXIV

UN PETIT GARÇON

A PIE IX

∽

— 15 février 1860. —

Saint-Père, je croyais que vous étiez un père
Ne s'occupant qu'en Dieu; que c'était même écrit;
Que, ne pensant qu'au ciel, vous méprisiez la *terre*,
Et ne vouliez qu'un bien, un seul, en Jésus-Christ.

Pourquoi dit-on alors qu'il vous faut autre chose,
Que vous aimez un trône en verre, et des soldats
Qui cueillent dans le sang, une épine sans rose
Pour la Religion...? Mensonge ! n'est-ce pas ?

Mais, si c'est vrai, Saint-Père, écoutez le langage
D'un enfant qui vous parle, et se permet d'oser : —
Quand ma mère me donne à choisir, étant sage,
Je laisse le gâteau, pour prendre le baiser.

Pour le petit garçon en prières :

XAVIER FORNERET

qui ajoute :

Moins un pape possède, et plus il est géant !
Ne prêche-t-il donc pas des Grandeurs, le néant ?

XXV

La pièce qui va terminer ces *Ombres* expliquera suffisamment pourquoi l'auteur n'a pas dû publier les strophes qui lui ont été adressées sous ce titre, — *Indignation*, — et signées P. L.

RÉPONSE

∽

Monsieur, Mademoiselle ou Madame P. L.,
Vous qui m'avez écrit sans vous faire connaître,
Qui m'avez défendu pour mon talent... à naître,
Agréez tous mes vœux ! Pour vous, je pense au ciel.

Oh ! qui que vous soyez en ce Paris immense,
Oui, vous avez de l'âme, oui, vous avez du cœur ;
Vous comprenez si bien la joie et la souffrance !..
J'aime à le répéter avec un doux bonheur.

Est-ce possible ? un nom, le mien, un pauvre atôme
Serait assez connu dans la grande cité,
Pour agiter parfois certain venin de l'homme...
N'en dois-je pas avoir un peu de vanité ?

Et puis, vos vers sont beaux, remplis de poésie,
Mots dignes, élevés, d'empereur ou de roi ;
Mais, pour les admirer comme j'en ai l'envie,
Que ne sont-ils, alors, pour d'autres que pour moi ?

TABLE

TABLE

Préface. 5

A Napoléon III. 9

La Barque au retour. 13

Dieu, la Terre et l'Homme. 19

Le Souvenir. 23

Le Coupable-**Innocent**............	31
L'Innocent-**Coupable**............	37
Le Repos,.....................	45
Aux Enfants...................	50
L'Infanticide..................	55
La Voix des Cloches.............	63
Un Mot sur une Horreur..........	69
A un Génie égaré...............	73
Pierre aimait (Nouvelle en prose)...	77
Présent, Passé, Futur...........	177
Le Silence....................	189
L'Avenir.....................	193
A Béranger...................	199
Dormir est bon................	203
Au Portrait de quelqu'un mort, etc..	209
Quarante à Seize...............	217
A la Vieillesse................	223
Étant à une fenêtre.............	227
Au grand poëte Victor Hugo.......	233
L'Église de Village.............	237

Un Crime de l'Enfer. 243

Un petit Garçon à Pie IX. 249

Réponse. 255

PARIS. — IMPRIMERIE DE A. HENRY NOBLET, RUE DU BAC, 30.

www.ingramcontent.com/pod-product-compliance
Lightning Source LLC
Chambersburg PA
CBHW070630170426
43200CB00010B/1968